APRICOT

CONTENTS

▌序章：英語を武器にできる日本人
- 本来、英語教育が目指すものは …………………………………………… 4
- 従来の英語教育は… ……………………………………………………… 5
- 本書について ……………………………………………………………… 7

▌第1章：児童英語教育を始める前に
- 1節 従来の英語教育からの脱却 ……………………………………… 10-13
- 2節 外国語習得における年齢別特徴と教授法 ……………………… 14-17
- 3節 児童英語教育に含むべき三要素 ………………………………… 18-25
- 4節 児童英語教育の Do's & Don'ts …………………………………… 26-27

▌第2章：英語教育とコミュニケーション能力の育成
- 1節 英語を「使う」とは ……………………………………………… 30-33
- 2節 第二言語習得の分野の研究からのコミュニケーション能力 … 34-35
- 3節 国際（理解）教育からの考察 …………………………………… 36-37
- 4節 国際コミュニケーション能力とは ……………………………… 38-40
- 5節 児童英語教育への実際 …………………………………………… 41-44

▌第3章：児童英語教育のキーワードの定義と実践的解釈
児童英語教育のキーワード
1. EFL/ESL/EILに代表される英語の種類 ……………………………… 46
2. input/output（インプット・アウトプット）……………………… 47
3. Communication activities（コミュニケーション活動）………… 49
4. Information gap（インフォメーション・ギャップ）…………… 51
5. Mother Goose（マザーグース）…………………………………… 51
6. Picture books（絵本）……………………………………………… 53
7. Songs（歌）………………………………………………………… 56
8. Chants（チャンツ）………………………………………………… 56
9. Phonics（フォニックス）…………………………………………… 58
10. TPR（全身反応法）………………………………………………… 63
11. Syllabus（シラバス）……………………………………………… 64
12. Curriculum（カリキュラム）……………………………………… 66
13. Self-esteem（自尊感情）…………………………………………… 67
14. 書く活動の指導法（Creative writing）…………………………… 68
15. 読む活動の指導法（Active reading）……………………………… 70
16. 児童英語教育における文法・文型事項（Structures）の指導法 … 72
17. 評価（Evaluation）………………………………………………… 74
18. 国際（理解）教育（Global education）…………………………… 76

第4章：国際コミュニケーション能力を育てる指導者のあり方
- 1節 クラス運営と指導者の資質 ･･････････････････････････････････････ 78-80
  - APPENDIX：ピグマリオン効果 ･･････････････････････････ 80
- 2節 self-esteem（自尊感情）を高める教育指導 ･････････････････････ 81-83

第5章：国際コミュニケーション能力を育てるレッスンプランの立て方
- 1節 国際コミュニケーション能力を育てるカリキュラムの実際 ･･･････ 86-87
- 2節 国際コミュニケーション能力を育てるレッスンプランの作成 ････ 88
- 3節 児童英語教育におけるレッスンプランの流れ ････････････････････ 89-94
- 4節 レッスンプラン作成上の留意点 ･････････････････････････････････ 95

第6章：国際コミュニケーション能力を育てるレッスンプラン15
- Lesson plan 1 ･･ 98
- Lesson plan 2 ･･･ 100
- Lesson plan 3 ･･･ 102
- Lesson plan 4 ･･･ 104
- Lesson plan 5 ･･･ 106
- Lesson plan 6 ･･･ 108
- Lesson plan 7 ･･･ 110
- Lesson plan 8 ･･･ 112
- Lesson plan 9 ･･･ 114
- Lesson plan 10 ･･ 116
- Lesson plan 11 ･･ 118
- Lesson plan 12 ･･ 120
- Lesson plan 13 ･･ 122
- Lesson plan 14 ･･ 124
- Lesson plan 15 ･･ 126

Useful Expressions during Activities ･･････････････････････････････････ 129

序章 Introduction

英語を武器にできる日本人

> **DESTINATION**
> 右手に専門分野を持ち、左手に英語を持つ人材が21世紀に勝つ。
> 英語は伝達道具にすぎない。
> しかし道具であるがゆえに、常に磨いておかなければいけない。

　日本の子供達に英語を使えるようになってほしい、それも、ただ単に英語が好きな子供を育てるのではなく、自分の専門分野を持ち、英語を武器にして世界にはばたく人材を育てたいという大きな夢が私にはありました。そのためには、従来の英語教育だけではなく、英語を使って自己を表現することができ、異文化を持つ相手とコミュニケーションをとれる人材を育てることが大切です。つまり、「自分の考えを持ち、その考えを言語を使って表出することができ、相手の中にある異文化を受け入れながらも互いに共存できる子供達」の育成です。

　今まで数々の学会、ワークショップに出席し、勉強させていただきました。そこにある実践授業やゲームなどは、楽しいもの、子供の年齢に合ったもの、定着の良いもの…とそれぞれすばらしいものがありましたが、すべてカリキュラムの中にある「点」の活動であり、それが連なってどんな「線」を描くのか、またその線が何を目指してどこに到達(destination)するのかが非常に曖昧でした。次の日のレッスンにはとりあえず役に立つけれど、それだけで良いのだろうかという、もやもやしたものが常に心の中に残ったのです。

　一方で、「児童英語教育と中学英語をどう結びつけるか」等の議論がさかんにおこなわれていますが、冒頭に示したとおり、自分の専門分野を持ち、英語を道具として世界で活躍する人材、つまり「英語を武器にできる日本人」の育成が英語教育の到達点であるならば、「児童英語」と「中学英語」を分ける必要はないはずです。到達点を明確にし、あとは年齢に応じた言語材料と教授法を用いて、国際コミュニケーション能力を育成する活動を中心にレッスンを進めていくことが大切です。

本来、英語教育が目指すものは

　このように考えていきますと、児童英語教育とは決して楽しいゲームとお遊戯の寄せ集めでは成り立たないことが明らかです。すべてのレッスンは1回ごとに完結するバラバラな点ではなく、はっきりとした目標を得るための過程の中にあり、それらは線で結ばれているべきなのです。

　英語教育の到達点(destination)を、私が冒頭に書いたものであるとすると、自分の専門分野について、国際会議や学会で意見を述べ、討論する力が重要な要素であるこ

とが理解できます。そのためには英語の語彙力や文法能力が豊富であるだけでなく、考える能力、意見を効果的に言える能力、異文化を理解して受け入れる能力も必要です。

わが国の従来の英語教育の目標は、英語自体を学ぶことであり、文部科学省も英語を使ってコミュニケーションをする態度を養うことに留まっていました。したがって、中学・高校と6年間英語の勉強を続けているにもかかわらず、実際には大学受験以外には全く役に立たないものになってしまっていました。

専門書や、論文やインターネット上の情報の大半が国際語としての英語で書かれていることを考えますと、大学に入学してから実用英語を学ぶのでは遅すぎます。大学に入った時点で、英語を媒体として各国の大学生と社会問題や専門分野について討論できるようになっていかなければ、日本人はますます世界から取り残されていくでしょう。

従来の英語教育は…

ここで、英語の四技能とよばれているreading, writing, listening, speakingについて、その定義を再度考え、なぜ従来の英語教育ではいけないのかを考えていきましょう。

speakingの行為（speech act）はJ. L. Austinによると、①音声的、形態的、統語的、意味的に整った形の発話をおこなう行為、②発語という行為によって、話者が自分の意図を伝えるという行為、③発語行為によって、聞き手が影響を受けるという行為の3つから成るとしています。

しかし、従来の英語教育では、①を重点的に教えたために、話者の意思を伝えたり、聞き手に影響を与えるという②、③が欠けていました。"How are you?" "I'm fine, thank you." のようなダイアログを自分の体調を考えずに丸暗記するような、決められた文章や歌の暗誦だけでは、speakingの一部しか教えていないことになります。

本来、**speaking**は話し手の能動的な行為から成るものです。また、**reading**は、受験英語のような部分訳や穴埋めではなく、まとまりのある文章から情報を正確に得ることが重要になりますし、**writing**は客観的に記述する（description）、時間の経過を追って述べる（narration）、ものを定義する（definition）、効果的に自分の意見を表現（i.e. essay, report）する能力が必要で、決して書きかえや英訳だけではないはずです。また、**listening**の能力とは目に見えない情報を、聞く行為を通して自分の中で具体化し、理解し、正確に受け取れることを指します。

残念ながら、わが国の英語能力は国際的な英語能力検定試験であるTOEFLの成績で表すと、アジア25か国中かろうじて最下位だけはまぬがれているという有り様です。

もちろん、言語形態も全く異なり、島国であるわが国の状況と、経済その他の交流も多いヨーロッパ諸国の状況を比べて教育の善し悪しを評することはできませんが、私達が認識すべきは、わが国の英語教育の結果、中学校・高校の現場の先生方の努力にかかわらず、その成績が過去30年間ほとんど変わっていないことです。日本の英語教育は「読み」「書き」に重点を置いてきたと言われていますが、その「読み」「書き」でさえ、工学博士である志村史夫氏（1995）はその著書『理科系の英語』で、下記のように記されています。英語教育者は、この理科系からの言葉を真摯に受け止めなければいけないでしょう。

> 「日本の学校の英語教育は「読み書き」に重点を置いて来たのではない。もし、本当に「読み書き（少なくとも"読み"）」に重点を置いて来たのなら、6年間以上もそのような英語を勉強して"TIME"や"NEWSWEEK"を読めないはずはない。日本の学校の英語教育は、アメリカ人でもできないような難解、奇妙な「受験英語」の解答技術の鍛錬に重点を置いて来たのである。さもなければ、日本の英語教育に従事して来た人のほとんどは無能力者ということになる（「読み書き」に重点を置いた英語教育をしたはずなのに"TIME"もろくに読ませることができない現実を見よ）」(p.35)

　「日本では遣隋使、遣唐使以来、外国の文化を吸収するために外国語を学んできた。外国の文化をそのまま取り入れるのではなく、外国文化の中から自分達に合ったものを一方的に取捨選択し、本来の文化と融合させて特有の文化を作り上げてきたといえよう。その際に必要であったのは、吸収型の言語であって、自らの意見や立場を相手に伝えるための言語は必要でなかった」と記していらっしゃるのは鈴木孝夫氏です。外国語を自己表現の手段としての言語とせずに、文法、和訳、書き換え、語彙などを中心として教えてきた理由がここにあります。そして、コマ切れの、いわゆる内容のない文章の訳と、その分析にほとんどの時間を費やしてきた日本の現状が浮き彫りになってきます。鈴木孝夫氏は今後あるべき日本語教育についてその著書『日本人はなぜ英語ができないか』の中で次のように述べていらっしゃいます。

> 「したがってこれからの外国語教育は、何よりもまず日本人としての、自分の借り物でない意見や考えを、外に向かって外国語で立派に言える人、日本に固有な事情を外国人に説明して、しかも相手を説得できる人を養成する、外向きで積極的な発信型へと重点を移す必要があります。これができて初めて、日本人は英語が上手だと言われるようになるのです。それと同時に、日本語で書かれた各種の情報をすばやくしかも大量に、いろいろな外国語に翻訳して海外に出せる体制を、国家としても、また大学とし

ても早急に整えることが絶対に必要です」(pp. 70-71)

同時に、英語は国際語となり、さまざまな分野における国際競争の手段として使われています。鈴木氏のお言葉を借りますと、

「スポーツの選手が相手に勝つための有効な戦術を必死で研究するのと同じで、相手との競争に勝つためにはどこをどう攻撃すればよいかの弱点を見つけることに重点をおいた研究が必要となります」(p. 79)

そして、鈴木氏は次のように締め括っていらっしゃいます。

「さてこのような目標に向かって学生を指導できる外国語の先生が、いま何人いるでしょうか」

本書について

本書は、児童英語教育の目的を「国際的に活躍する人間の育成」とし、その手段の分析を通して児童英語教育の範囲で具体的に何をするべきなのか、何が無駄なのかを筆者が試行錯誤しながら長い間真剣に実践してきたことを具体的に形にしたものです。毎日、授業で子供達に接し、子供達1人1人が英語を道具として活躍できるようになることをひたすら望み、その都度真剣に悩み、考え、試行錯誤した30年間の経験を通して構築した「コミュニケーションの手段としての英語教育の理念と実践」をまとめたものです。「理論からの実践」ではなく、「実践から生み出された理念とその理念に基づいた実践集」だと言えるでしょう。コミュニケーション能力を育てる教育法をもう一度考え直し、実践すれば、幼児・児童英語教育がただ単なる「英語でのお遊び」で終わることなく、日本の今後の英語教育の方向性を示唆するものになりえると信じています。

本書は、できるだけ平易な言葉を使い、具体例をつけて説明しましたので、経験の浅い先生から経験を積み重ねた先生までもが理解し、実践していただけるものと思います。

英語教育は「言語」の教育である以上、難しい言葉や解説に終始するのではなく、平易で、具体的で、そして日常的であるはずです。

序章 引用・参考文献
- 白畑知彦・冨田祐一・村野井 仁・若林茂則(1999)『英語教育用語辞典』(大修館書店) p.285
- 志村史夫(1995)『理科系の英語』(丸善ライブラリー) p.35
- 鈴木孝夫(1999)『日本人はなぜ英語ができないか』(岩波新書) pp.70-71, 79

chapter 1

第1章

児童英語教育を始める前に

本章は、中学英語、高校英語に熟知した先生方にも、幼児・児童に英語を教える前に必ず知っておいていただきたいことを、「何のために英語を学ぶか」「幼児・児童の年齢別特徴」「児童英語教育に含むべき三要素」「児童英語教育のDo's & Don'ts（すべきこと、してはいけないこと）」に分けて記述しました。

1. 従来の英語教育からの脱却   10-13

2. 外国語習得における年齢別特徴と教授法   14-17
    幼児・小学校低学年の学習上の特徴   14
    小学校中学年の学習上の特徴   15
    小学校高学年〜中学生の学習上の特徴   16

3. 児童英語教育に含むべき三要素   18-25
    音声教育   18
    発話教育   20
    国際（理解）教育   23

4. 児童英語教育のDo's & Don'ts   26-27

1 従来の英語教育からの脱却

　日本の英語教育は今まで文法、英文和訳、書き換え練習、語彙などを中心とした"What is English?（英語とは何か）"に偏った教え方をしてきました。しかし第二次世界大戦後の急激な経済成長と、それに伴う国際的責任や立場の上昇に伴い、従来の吸収型ではなく、自ら発信していく必要性が叫ばれるようになりました。英語教育における「英語」の捉え方が見直され、「言語」である以上、その使い方、つまり"How to use English"が重要であることが近年ようやく理解されてきました。中学校でもターゲットの文型を使ってインフォメーション・ギャップのある活動が取り入れられています。

　しかし国際語として英語が重要になってきた今、"What do we use English for?"、「何のために英語を使うのか」を考える必要があります。私達は「情報を交換するため」の手段として英語が必要であるということをきっちり認識しなければなりません。

　「英文の日本語訳を書く」ことと「英文の内容を理解すること」の違いがわからない学生が大多数を占める現状は、学生だけに非があるのではなく、コマ切れの、内容のない文章の訳とその分析にほとんどの時間を費やしてきたわが国の英語教育が招いた結果であると言えるでしょう。

　ここで"What is English?" "How to use English" "What do we use English for?"を具体的に理解していただくために、それぞれの教え方の例をあげてみます。

What is English?

　従来、日本の英語教育は英語の語彙や規則を中心に教えてきました。「文章の最初は大文字で」「疑問文be動詞は主語の前にくる」「強調のための倒置文は」「分詞構文の書きかえは」といった具合に英語の分析を中心にした「英語とは何か」を教えてきたのです。

問題例

次の英文を受動態に書きかえなさい。

1. We can see a big bird on the roof.
　　→ A big bird can be seen on the roof by us.
2. Our parents take us to the zoo.
　　→ We are taken to the zoo by our parents.
3. My brother does not help me with my homework.
　　→ I am not helped with my homework by my brother.

　このような無理な書きかえ練習で、英語自体が奇妙で使えないものになることも少なくありません。

How to use English

"How to use English" の具体例としては、新しい文型や語句の機能に即した使い方に焦点を当て、インフォメーション・ギャップ（情報のずれ）のあるゲームや自己表現を促す活動があてはまります。語彙・文型がコントロールされた中での活動ですが、pattern practice の延長上のものから、学習者の意志が反映されるレベルのものまで、さまざまな活動があります。

下の例は小学校高学年の子供が既習の動詞（be動詞、live、have、like、want）と助動詞 can を使って「30歳になった時の自分」という課題で文章を作ったものです。

作品例

I am thirty years old!

Hello. My name is *Nanami Bandou*.

I am a *writer*.

I live in *Taiwan*.

I have *second house in Hawaii*.

I like *sushi*.

I don't like *green pepper*.

I want *a time machine*.

I can *cook*.

Learning World 3 p. 9より

第1節 ● 従来の英語教育からの脱却

What do we use English for? (The reason to use English)

　前述したように語彙、文章の規則やその機能に即した使い方の練習は重要ですが、ここで止まってしまうと英語を運用することはできません。教室内で、いわゆる「作られた」場面で英語の使い方を練習するだけでは、「英語を使わなければならない必然性」（meaningful purpose）がありません。実社会で私達が英語を使う（読む、書く、聞く、話す）場合、たとえば何かを調べたい時、「その資料が英語で書かれていた」「英語でその結果を伝えなければいけない」「質問を英語でしなければいけない」「数人で英語で討論しなければいけない」のように、必ず使わなければならない<u>必然性</u>があります。

　次の例は、動物の尾の機能を下の英文から読み取る問題で、英語歴7～8年の小学校6年生を対象にしたものです。答えは「日本語でも英語でも、学習者が内容を理解している限り、どちらでもよい」としています。子供達は設問を解いた後、英文から得た情報を英語で発表します。

英文例

　Animals' tails are funny things. They come in all sizes and shapes. Some are short and curly. Some are long and straight.

　Tails may look funny. But they can be very important.

　How does a dog tell you he's happy? He wags his tail. What about when he's afraid? Then his tail droops down between his legs. A dog uses his tail to "talk" with you.

　A rattlesnake talks with his tail too. He shakes his tail and it rattles. He's saying, "Stay away. I'm getting ready to bite."

　The beaver has a wide, flat tail. It helps him steer when he swims. But he talks with it too. He slaps his tail on the water. This is a warning to other beavers: "Danger is near!"

　What else can tails do? They can save an animal's life. Some lizards have tails that pull right off. An enemy may grab the lizard by the tail. Off comes the tail! And the lizard runs away. Later he grows a brand-new tail.

　An alligator has a wide, hard tail. He can fight his enemies with it. He swings his tail like a huge club.

　Tails can help some animals get their food, too. The spider monkey uses his long tail as an extra hand. He picks fruit from the trees with it. Or he reaches into birds' nests and steals eggs with it.

　And the little brown bat uses his tail to scoop up flying insects. They'll be his dinner.

　So you see, a tail may look funny. But it can be an animal's best friend.

What Are Tails For? by Joshua Young (READING POWER BUILDER 25) より抜粋 ©1990, 1973, Science Research Associates, Inc.

問題

英文から動物の尾の機能を4つに分類し、動物名とその具体例を書きましょう。

尾の機能	例（動物名）
1. _____	( )
_____	( )
2. _____	( )
3. _____	( )
_____	( )
_____	( )
4. _____	( )
_____	( )

解答:
1. コミュニケーション手段としての機能 … 嬉しい時は尾をふり、怖がっている時は後ろ足の間に垂らしている。(犬)／尾で水面を叩いて敵が来たことを仲間に知らせる。(ビーバー)
2. 運動機能 … 泳ぐ時の舵の役割を果たす。(ビーバー)
3. 自分を守る機能 … 敵に攻撃の警告をする。(ガラガラヘビ)／敵に尾を握られて捕まりかけた時尾を切り離して逃げる。(とかげ)／敵と戦う時、尾を振り回して戦う。(ワニ)
4. 手としての(えさを取る)機能 … 尾を使って木から果物を取る。鳥の巣から卵を盗む。(くもざる)／飛んでいる虫を尾ですくって取る。(ブラウンこうもり)

　ここで重要なことは、英文を全訳することではありません。"尾"の機能以外の情報も必要ではありません。そして「何のために読むか」が明確です。このような課題を解くことによって、自分に必要な情報を英文から得る練習を重ねていくことが大切です。

　このような種類の課題は一見難しいように見えますが、これからの英語教育は、"What is English?" "How to use English", "What do we use English for?（The reason to use English）"の3つの観点を、初歩の段階からバランスよく取り入れていくべきであると考えます。

2 外国語習得における年齢別特徴と教授法

　幼児期から英語を始めると、海面が水を吸い込むように自然に英語を吸収していきます。しかし3歳児と小学校6年生では、興味や知的好奇心、体力、運動などの発達段階に大きな違いがあり、「児童英語教育」と、教え方をひとまとめにしてしまうことは危険です。

　中学入学時（13歳）から22歳までの10年間と、2歳から小学校卒業時（12歳）までの10年間を比較すると、同じ10年間でもその発達段階には大きな違いがあります。もちろん発達の速度は個人によって異なりますが、それぞれの年齢の特徴を把握し、発達段階に応じた言語材料や教授法を使って教える必要があります。たとえば5歳までは、聞き取りがとても優れていて、聞いた音をそのまま発音することが可能ですが、10歳をすぎると、母国語にない音はなかなか発音できなくなります。幼児期の子供は母国語に訳すことなく、その言葉が話された場面によって意味を把握することができます。一方、語彙のつづりに関しては、10歳を過ぎてからの方がスムーズに覚えられます。この年齢からは文字を導入した方が上達が速くなる場合があります。10歳までは音声教育に比重を置くことが大切です。幼い頃から熱心に語彙のつづりや言語規則を教えるのは時間の無駄であると言えるでしょう。同様に、英語の歌が英語教育に効果的であるからと言って、小学校6年生になっても歌とお遊戯ばかりしていても効果は望めません。

　個人差はありますが、常に子供をよく観察しながら、その子供に一番適切な言語材料を、適切な時期に、適切な指導法で教えていくことが大切です。クラス編成の際は、英語の習得レベルとは別に、子供達の年齢による学習上の特徴を考慮に入れたいものです。

　ここでは対象年齢を幼児・小学校低学年、小学校中学年、小学校高学年〜中学生の3つに分類し、EIL（English as an International Language）における特徴を記しました。

幼児・小学校低学年（3−6歳児）の学習上の特徴

1. 聞いた音をそのまま再生（発音）することができる。
2. 英語の語彙や文章を吸収する力が非常に優れている。
3. 日本語に訳すことなく、場面で英語を理解することができる。
4. 英語特有のリズム、イントネーションを自然に身に付けることができる。
5. 機械的に英語を暗記する。
6. 語句や文章をひとかたまりとして捉える。
7. 楽しければ、同じ言葉を何度でも繰り返す。
8. 集中力は短い。

9　身体を大きく動かす活動を好む。
10　えんぴつを使い、文字を正しく書くのは困難である。(3－5歳児)

　幼児は楽しい歌やチャンツが大好きです。日本語の意味がきっちりとわかっていなくても、リズム、イントネーションを的確に捉え、すばらしい発音でどんどん覚えていきます。特に、動作や指遊び(finger play)を伴うことによって何度でも飽きずに繰り返します。文章を機能的に使うことから言えば天才と言えましょう。幼児が教室内で最初に使う表現として"May I go to the bathroom?"があります。彼らにとって、May が助動詞であるとか、意味が何であるかは関係なくトイレに行きたい時の言葉として丸ごと覚えるのです。

　このような幼児の特徴を踏まえると、授業は英語のみでおこなうのが最善でしょう。レッスンは指遊びやお遊戯や走ったりするような大きな動作を含む活動が喜ばれます。しかし集中力はあまり長くないため、次々と楽しい活動を組んでいくとよいでしょう。歌やチャンツはただ聞かせるのではなく、動作を伴って教えましょう。指導者はジェスチャーや、顔の表情をオーバーに変えたりしながら、語句や文章の意味を示しましょう。教室内の行動は、指導者が命令形で指図しながら、指導者自身も常に行動して(TPR)子供達に理解させます。

　ピクチャーカードも有益ですが、実物を見せながらおこなうことも大切です。同じ言葉や語句が繰り返し出てくる絵本を、指導者が感情豊かに話して聞かせることも効果的です。そして指導者自身が活発で、明るく振舞うことが大切です。語彙のつづりを覚えたり書くことはこの年齢では教えない方がよいでしょう。

小学校中学年（7－9歳児）の学習上の特徴

1　聞いた音をそのまま発音するのが難しくなる。
2　英語の語彙や文章を吸収する力が優れている。
3　英語のリズム、発音、イントネーションを無理なく身に付ける。
4　語句や文章をひとかたまりで覚える。
5　恥ずかしさを感じずに英語を言うことができる。
6　英語を場面や動作によって理解するが、少し日本語を付け加えると理解が早くなる。
7　外国や外国人講師に興味が湧くようになる。
8　機械的に英語を暗記する。
9　動作を伴う活動を楽しむ。
10　アルファベットの大文字、小文字を認識し、ノートに書き写すことができる。

このような学習上の特徴を持っている小学校低・中学年の子供達を教える時は英語のみで授業をおこなう方が効果的ですが、子供によっては、どうしても理解できない言葉を一度だけ日本語で示すとずいぶん理解が早められるようです。動作を伴う歌やチャンツ、マザーグースも有効です。たくさん暗誦できるようにさせましょう。子供達に親しみのある物語の絵本（「三匹の子豚」など）を感情をしっかりつけて読むと、少々文章が難しくても、わからない語彙が出てきても理解できます。同じ文型の繰り返しが多い絵本も有効です。外国語に対して興味が出てくる時期なので、日本語との相違点、たとえばアルファベットの持つ音や、外来語の正しい発音を教えましょう。ただ、英文を日本語に訳さずに理解できる貴重な年齢なので、文章の規則やフォニックスのルールを重点的に教えるのはあまり賛成できません。学習時間は限られていますので、子供達の発達段階に合った、好奇心を刺激するようなインフォメーション・ギャップを持つ活動や、自分の意見を言えるような活動に時間を使いましょう。挨拶や簡単な日常の決められた語句をクラス内でどんどん使えるようにしましょう。決められた（コントロールされた）語句を使って、子供達の実生活を題材にしたインタビューゲームをおこなうことも効果的です。

小学校高学年～中学生（10歳以上）の学習上の特徴

1. 外国語や外国について「教科」として学習している自覚がある。
2. 子音の後に母音が付く傾向がある。
3. 日本語にない音を日本語の一番近い音で代用する。
4. 英文を暗誦したり、理解するのに母国語での明瞭な理解が必要となる。
5. 自分の理解度を母国語で確認する傾向がある。
6. 外国人の先生とのコミュニケーションに興味がある。
7. 読むこと、書くことに興味が出る。
8. 読んだり、書いたりすることで、理解を助ける。
9. 文章の規則を見つけようとする。
10. 文章の規則の説明が理解を助ける。
11. 創造的な活動に興味を示す。
12. 自分の意見を表現できる。
13. 子供によっては、歌を歌ったり動作（遊戯）をすることを恥ずかしがる。

　小学校高学年になると、歌を歌ったり踊ったりすることが恥ずかしくなります。英語の語彙や文章の能力が限られているため、とかく活動が幼稚になりがちですが、限られた

語彙や文章であっても、その年齢の子供達の知的好奇心を満足させる活動が必要です。この年齢では、理屈で英語を理解しようとする傾向が強くなるので、文型を教えるためのチャンツや、語彙を効果的に教えるための歌を取り入れましょう。幼児期は複雑な長い歌でも簡単に覚えてしまいますが、この年齢になると、意味を明確に理解できないとなかなか歌えないので、短いけれど効果的に語彙や文型を覚えられる歌やチャンツを選ぶとよいでしょう。

　声変わりなどによって、歌うこと自体が苦痛になる場合は、チャンツにして覚えると効果的です。文法は決して文法用語を使って説明するのではなく、たくさんの例からその規則を見出す帰納的な手法を使って理解させましょう。指導者から教えられる語彙や文章を暗記するのではなく、子供達が自分の意見を口語で発表したり書いたりできるように、指導者は子供達から英語を引き出す役割（facilitator）に徹してください。そのため、授業の中で英和・和英辞書を使い始めさせることもよい手段です。

　この年齢になれば国際（理解）教育の内容を持つダイアログ、チャンツ、歌、文章も取り入れましょう。また、フォニックスのルールを教えることで、子供は自分で読める喜びを感じるようになります。そして「情報を得るための reading 」、「意見を言うための課題」、「調べて発表する課題」など、課題解決活動を取り入れてください。常に英語が子供達の自己表現のための言語であることを、十分考慮に入れて教えていくことが大切です。そのためにも、指導者は子供達が達成感を味わえるさまざまな活動を用意してください。

　以上のように、子供達は年齢によって、能力も興味もずいぶん違ってきます。ただし、児童英語教育のわが国の現状を見ますと、幼稚園から英語を始める子供、小学校に入ってから始める子供、小学校高学年になってから始める子供というように、英語開始年齢もその授業の頻度も千差万別です。初めて英語に接する小学校高学年の子供が、国際語としての英語習得において英語を10年近く勉強している子供と同じ特徴を持つとは限りません。担当クラスの子供達の英語学習経験、クラスの種類などを総合的に考え、ここに記した年齢別特徴とそれに合った教授法を参考に、一番適した教授法を選んでください。

3 児童英語教育に含むべき三要素

　つい最近まで、わが国の児童英語教育の大半は、いわゆる「お母さん先生」や私企業に委ねられていました。自由競争の社会で、先生方、または各企業が、特色のある教育を施すことは当然のことです。ある先生は、音声教育に力を入れて歌を中心に教え、またある先生は、異文化理解のために外国からのゲストを招き、子供達と外国の料理をし、また、ある企業は語彙や文法を中心に日本の中学の先取り教育をしたり…。「児童英語教育」という名のもとで、指導者側の考えによって種々さまざまなことがなされてきました。そして、子供達を送り出す養育者側も、自分の自由な選択で、納得できる英語教室を選んできました。

　しかし、公立小学校で、もしも英語教育がなされるなら、やはり、日本が国際的に、より活躍できるために必要な要素をしっかりと考え、その要素を満遍なく含んだ英語教育を考えていかなければいけません。先に述べた、幼児・児童が持つ特徴を考慮に入れ、児童英語教育に必要な要素を熟考した時、次のように図示することができます。

① 音声教育

　幼児は聞いた音をそのまま再生（reproduce）する能力が高く、英語の持つ特有のリズム、発音、イントネーションを母国語に惑わされることなく身に付けていくことができます。カナダの大脳生理学者のペンフィールド（Penfield, 1959）は「8歳になると脳の柔軟性が徐々に減少してしまい、9歳になると言語習得は分析的になってしまう」とし、外国語の学習を始める最適な時期は母国語習得が固まる4〜5歳から8歳で、その時期は模倣能力が最も優れているとしています。また、神経言語学者のウィタカー（Whitaker, 1977）も

「大脳の発達から言って4歳～6歳までに発音が習得される」としています。この能力は10歳頃を境に減退するので、幼いうちに多くのスタンダードといわれている英語を聞かせることが大切です。

　10歳を過ぎると子音の後に母音を付けて発音したり、日本語にない音を聞いた時、いちばん近い音を持つ日本語に置き換えて発音する傾向が増します。これは、左脳の発達によって、より分析的に言語を捉えるようになるからだと言われています。

　英語の語彙や文章は、日本語と全く異なった音を持っています。日本語はほとんどの音が母音を伴うのに対して、英語は母音（a, e, i, o, u）1つの後に最高で7つの子音を付けることができます。たとえばstrict, spaghetti は日本人が発音すると「ストリクト（sutorikuto）」「スパゲッティ（supagettii）」になりがちです。spaghettiの最初のsの後に「ウ」という母音がくっついてしまうために、アクセントは「ス」にきてしまいます。ところが、英語ではspで1つの音なので、sの次のpaのaに正しくアクセントがくるのです。

　また、英語には特有のリズムがあります。日本語では単語の1語1語をほぼ同じ長さで読みますが、英語ではいくつかの単語が集まった語句で1つの意味を成す時、単語1語と同じ長さで読まれ、その語句の中の重要でない母音は弱母音に変わります。音声教育は英文のリズムが日本語と全く異なることからも重要です。

　なお、一般的には、音声教育は発話教育の中に組み込まれると理解されていますが、英語の内容を明確に理解しなくとも音を再生できることや、音自体は再生できても、自発的にそれを使って発話することは稀であるため、幼児・児童の言語習得分野では音声教育は発話教育の中には含まれないと捉えるのが妥当であると考えられます。

　では、listeningの時間をどれほど確保すれば音声教育に効果的と言えるのでしょうか。第二言語習得のために必要なリスニング時間は1000時間と言われています。1000時間のlisteningを可能にするには、教室内だけではなく家庭でlisteningの習慣をつけることが必要不可欠です。発音、リズムやイントネーションを自然に身に付けるには、子供達の日常生活に即した歌やチャンツを多く聞かせ、特に小学校低学年には動作を伴うものがより効果的です。→「実践編」歌・チャンツ参照

　英語と日本語の根本的な相違点を知れば知るほど、耳のいい幼児期のうちに英語をできるだけ聞かせることの利点は計り知れません。

❷ 発話教育

日本における児童の現状を考慮に入れて発話教育を考えると、次の3つに分けられます。

> ① 語彙力と、文章の規則に関する知識
> ② 自分の考えをまとめ、意見を述べる能力
> ③ 言語または非言語を使って人と積極的にコミュニケーションをする能力

Canale and Swain (1980) は、第二言語の熟達を4つの側面から述べています (→p.34) が、ここでは、上記の3つの側面から順に検討します。

① 語彙力と、文章の規則に関する知識

小学校就学時で、母国語の語彙は2000〜2500語程度といわれています。つまり、2000〜2500語を修得すれば小学校1年生程度の会話が可能になるわけです。一語文、二語文でもコミュニケーションは成り立ちますが、より複雑な内容を正確に伝えるためには、文章の規則を知ることは欠かせません。母国語の修得過程とは異なり、第二言語、または外国語として語学を学習する場合は、その言語に接している時間にかかわらず、文章の規則を学習することが、ターゲットの言語を習得する上で有効です。しかし、小学校低・中学年では前にも触れたように、英語を日本語に訳したり規則を知ることなしに、文章または語句を、場面に応じてひとかたまりのものとして捉え、覚える能力があります。

中学校や高校では、文法の規則を先に教え、書きかえを中心とした練習問題をさせることが主流ですが、小学校低学年では実際の生活に即したダイアログなどのターゲットの文章を使っておこなう活動、つまり英語を「使うこと」から導入し、その後、定着のためにリズムにのせてチャンツや歌を使って教える方が効果的です。

② 自分の考えをまとめ、意見を述べる能力

日本における過熱した受験戦争は、学校教育を知識の伝授、暗記、試験の場にしてしまいました。学校での試験の答えは常に一つで、「正か誤」の基準だけで判断されてしまいます。したがって、子供達は考えることをしなくなり、自分の言葉で語らなくなってしまったのです。しかし英語は「言語」ですから、自分の意見を言える自己表現能力を欠いては、英語教育を成立させることはできないはずです。欧米人と話す時は、雑談の時であっても自分の意見をきっちり言わなければコミュニケーションは成り立ちません。

自分の意見を持たずに黙っている日本の子供達に自信を持たせ、考えることの大切さ、創造の楽しさ、答えは一つではないことを経験させることが重要です。意見はすぐに言えるものではありません。幼い時からの活動を通して、自尊感情(self-esteem)を徐々に培っていくことが大切です。特に日本人の場合、「自分の意見が他の人と意見が違ってもよいのだ」という安心感と自信を指導者や養育者が持たせていく必要があります。

　そのためにはまず、子供達が選択肢(語彙・文型)を自由に選び、自分のことや自分の考えを英語で表現できる課題を与えます。次に段階を経て、語彙にも文型にもコントロールされていないレベルへと緩やかに移行していくことが肝要です。その際に提示する課題は、学習者の発達段階に応じて興味を喚起するものを選びます。語彙や文型をコントロールした活動は、既習の語彙や文型を言語として使う練習には有意義ですが、指導者によってターゲットの言語がコントロールされており、inputのための活動としても成り立つ発話初期の活動がほとんどです。そして多くの場合、クラス内の言語活動はこの段階で終わっているといえるでしょう。

　答えを与えられ、それを暗記することが「勉強」の大半を占めている子供達が、自分の意見をまとめて、言えるようになるまでには想像以上に時間がかかります。指導者は忍耐強く待ち、子供達の発話する言葉の文法上の間違いを指摘するよりも、彼らが言わんとする「内容」に興味を示し、励まし、支えていくことが大切です。

　「本当に使える」英語学習とは、語彙や文型の意識的練習ではなく、「目的」に支えられた活動であり、学習者の注意が発話の形式ではなく、発話の内容に向けられるべきです。自分の考えをまとめることができたら、自信を持って大勢の前でそれを言う機会を作りましょう。同時に、発表者の発表の内容をしっかりと「聞く」態度を養うことも大切です。

③ 言語または非言語を使って人と積極的にコミュニケーションをする能力

　三浦清進氏（1991）は、「英語でのコミュニケーション能力」を次のように定義しています。「話し手と聞き手の共同作業であることを前提にして進行し、発展していくものであり、ただ単なる文法知識では、協力的な会話は望めません。相手の知識や感情にも十分な配慮を払いながら誤解が生じないように言語表現に工夫を凝らし、自分の目的を達成するために的確なコミュニケーション行動をとる能力」（下線：筆者）

　もちろん、上記には Canale and Swain の言う社会言語的能力（sociolinguistic competence）や方略的能力（strategic competence, → p.34）が必要になりますが、児童英語教育の領域ではそれ以前に、自分と違った意見や文化に積極的に関わっていく態度の養成が大切です。

　外国人講師が日本の子供に英語を教え始めてまず驚くのは、自発的に質問する子供があまりに少ないことです。沈黙が続き、ただひたすら順番が次の人に移ることを待っている子供達が大多数です。この、私達日本人が特別なことと思わなくなっている現状が、外国人にとっては、実に奇異に映るのです。この状況を打破するには、英語力如何の問

日本の子供達に徹底すべき「コミュニケーションのための心得」

1 沈黙は許されない。I don't know. I am thinking. I don't understand. I forgot. などを使って口語で表現すること。

2 理解ができないのは個人の責任である。
理解できないことがあれば、どこがわからないのかを自分で考えること。
理解できないことがあれば必ず、どこがわからないのか質問すること。
What is... in Japanese? What does it mean?
（質問がない時は全員が理解しているものと見なす）

3 クラスの全員に聞こえる大きさの声で話すのは話し手の責任である。

4 聞こえない時、「聞こえない」と言わないのは聞き手の責任である。

5 手を挙げる時は、相手（指導者）がはっきりとわかるように手を挙げること。

6 自らの意思表示がない時（手を挙げない時）は、指導者も子供を当てないこと。
（当ててほしそうな顔をしたり、目で訴えても無視する）

7 評価は到達度評価でおこない、人と比べられない代わりに自分の到達度を自己責任において把握すること。

8 人の答えを尊重すること。答えをまちがえたと言って笑うことは許されない。

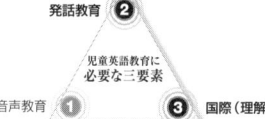

題よりもまず、英語の授業の中で至極当然とも思える左記の心得を、小学校低学年の頃から確実に守らせることが大切です。

　これらの事項が指導者と学習者の間に信頼関係があって初めて成り立つことは言うまでもありませんが、普段の授業の中でこれらの心得を積み重ねていくことが、国際社会でコミュニケーションをおこなう上で、日本人の不利な点を改善していくことにつながるのではないでしょうか。

❸ 国際（理解）教育

　児童英語教育では、国際（理解）教育をどのように取り扱えばよいでしょうか。ここ数年、国際（理解）教育の実態はさまざまに変化してきているように見受けられます。児童英語教師の中には、「英語という外国語に触れるだけでも国際理解教育になっている。英語を通じて英語を母国語としている国の文化に触れることができるからそれで十分」と真顔でおっしゃる先生も少なくありません。

　しかし偏った英語教育では、鈴木孝夫氏（2000）の言う「三流のアメリカ人」の養成にとどまってしまいます。前述のように、文部科学省がその定義を明確かつ、具体的に出していないために、各英語教室、自治体、学校によって「国際（理解）教育」の定義と英語教育の関係はさまざまな捉え方をされています。

　さて、筆者は児童英語教育に含むべき国際（理解）教育を下記の4項目に分類しました。

> ① ボランティア精神の育成　② 異文化理解
> ③ 開発教育　　　　　　　　④ 自己肯定を促す教育

① ボランティア精神の育成

　日本では弱いもの、かわいそうなものには同情し、助ける精神が大切とされているので、ともすれば優越感を持ちつつ他者を助け、自己満足に陥っている場合があります。しかし、お互いの人権および基本的な自由を守るための教育には、ボランティア精神の正しい認識が必要です。

　ボランティア精神は、互いが自分のできることを持ち寄り、協力していくという、ごく自然で日常的な活動であることを理解し、実践する精神です。自分の価値観を押し付けることなく、相手を尊重・尊敬しながら相手の基本的人権、自由を守るお手伝いをさせていただくという精神を、英語教育を通して子供達に無理なく理解させることが大切です。

② 異文化理解

　異文化理解では、子供達の目の高さで見た異文化を知ることが大切です。現在、世界中のどこに行っても、ほとんどの男の子達の日常の服装はTシャツとパンツ姿です。目を奪われるような独特の民族衣装や、その国独自のお祭りを知ることは楽しいことですが、「民族学」にならないように気を付けたいものです。

　また、国によって文化の違いはあっても、そこに国同士の上下関係や優劣はないことを知ることが異文化理解の大切な目的の一つです。さらに、日常の挨拶や習慣の違いを知っておくことは、相手を理解したり、相手に対して失礼なことをして無用な誤解を招くことを避けるために役立つでしょう。→活動例は「実践編」No. 44（Greetings）参照

③ 開発教育

　開発教育とは、20世紀末から急速に必要とされている、人類社会に共通な課題です。つまり開発の遅れについて、その諸相と原因を理解し、地球社会構成国の相互依存性について認識を深め、開発のために積極的に参加しようとする態度を養うことを目的とした教育活動です。

　日本では1982年に開発教育協議会が設立され（現在は「開発教育協会」と名称を変更）、主に社会科、国語科、英語科等で取り上げられています。地球に住む人間としてのあり方を学ぶ教育分野で、「平和教育」、「人権教育」、「環境教育」も、大きな意味でこの開発教育に含まれます。→「実践編」Chant:What is, What is, What is He? / Cans & Bottles 参照

④ 自己肯定を促す教育

　筆者は、国際（理解）教育の中では「自己肯定を促す教育」が最も大切であると考えています。一般的に日本人は排他的であり、その上、残念なことに自己確立ができていないため、自分達と異なった他者を崇拝するか、軽蔑するか、どちらにしてもなかなかそのままで受け入れないところがあります。

　自分の置かれている立場、生活、能力、運命などを正しく把握し、それを肯定する能力を養うことによって、違った価値観を持つ他者を受け入れられるようになるのですが、自分に自信がないために、他者と比べ、他者を否定することによって自分を正当化しようとする行動や言動が多く見られます。

　しかし、I am right. You are right, too. と言えることによって、初めて異文化を持つ

人達との共存が可能になるのではないでしょうか。また、自分の意見をまとめて言うこともできるようになります。日本人としての個の確立、個人としての個の確立、self-esteem（自尊感情）が言語学習上で不可欠なことは言うまでもありません。

　実際の英語教育の中では、communicative approach を通して課題解決のための活動をし、creative writing や oral presentation 等を通してその時その時の自己を見つめ、あるがままの自己を肯定していく言語活動が大切です。もちろん答えは常に1つとは限りません。自分自身で考え、それを受け入れてもらって自信をつけるという段階を踏んで、他の子供が持つ異なった意見や思考をも尊重できる子供達を育成していくことが重要であると常々考えています。そして、そのための英語教育を実践していくことが、まさにこれからの英語教師の姿であると思っています。

　なお、自己肯定を促す活動例は、本書の実践編に「self-esteemを促す活動」として紹介してありますので参照してください。

4 児童英語教育のDo's & Don'ts

　このように、一口に児童英語教育といっても子供達の発達段階によって能力や感性、興味の対象などが大きく異なります。また、教える内容に偏りがないように、「音声教育」、「発話教育」、「国際（理解）教育」を均等に盛り込む必要があります。英語教育は「言語」の教育ですので、子供達が楽しく安心して自分を表出させることができるようなクラスの雰囲気と指導者の態度が重要な役割を果たします。

　1章の締めくくりとして、幼児や児童に英語を教える際にすべきこと、してはいけないことをまとめました。

1) 指導者は**明るく快活に、大きな声で**子供達と接しましょう。

2) 教室では指導者が率先して**大きな動作と豊かな表情**を使って英語を話しましょう。子供が日本語に訳すことなく理解できるには「過剰」と思われるくらいの表情と動作が必要です。

3) 指導者の温かい**微笑み、ユーモア、エネルギー溢れる態度**が子供達の心を開ける最も近道です。

4) 英語を日本語に訳すのではなく、**フラッシュカードや実物**を用意しましょう。また、指導者の表情や動作も大切です。

5) 英語は子供達1人1人が理解できるように、ゆっくりと**何度も繰り返し**言いましょう。
また、指導者は子供が言った言葉をもう一度 full sentence で繰り返しましょう。指導者が言ったことを子供達に復唱させましょう。活動やゲームを何度か繰り返して、**子供達全員が英語を話す機会を作りましょう**。

6) 子供達の集中力を保つために、**同じ目的でも違った方法でおこなう**活動をいくつか用意しましょう。

7) 子供達は「今、現実にあるもの」に興味を示し、理解します。教科書にある仮想の場面の英語ではなく、**現実の場面で使う英語**を教えましょう。

8) 子供の体調や気分に合わせられるように、レッスンプランは1つではなく、**応用が利くような活動**をいくつか用意しておきましょう。

9) 幼児や小学校低学年では**身体を大きく動かす活動**を多くしましょう。その際、指導者は率先して身体を使いましょう。

10) 子供達の**答えが1つでない活動**を選びましょう。また、**子供達の答えを尊重**しましょう。

11) 「知りたい」「聞きたい」「言いたい」と思わせるような子供の好奇心を刺激する活動や、**創造力を育成する活動**をおこないましょう。

12) 「競争」するのではなく**「協力」しておこなう活動**を用意しましょう。

13) 常に肯定的なクラスの雰囲気を演出し、**間違いが許されるクラスの雰囲気**を作りましょう。

14) I don't know. や I forgot. でも立派な答えです。**自信を持って言えるようにしましょう**。I don't know.（知らない）と伝えることからコミュニケーションが続くのです。

⑮ 子供のどんな考えや答えでも、笑ったり否定したりするのはやめましょう。

⑯ 文字の導入は大切ですが、つづり（spelling）を覚えさせるためのテストはやめましょう。

⑰ テストのために暗記するのではなく、**知りたい語彙を自らが調べる**学習態度を身に付けさせましょう。

⑱ **文型・文法を、文法用語を使って説明するのはやめましょう。**

⑲ **子供から英語を「引き出す」工夫をしましょう。**

> 例：Wh-疑問文で理解できない場合は、Yes. No. で答えられる質問をおこない、それでも答えられない場合は、答えの例をいくつか提示します。
> T : Where do you live?
> 　　Do you live in Tokyo?
> 　　Tokyo? Yokohama? Chiba?　（Yokohama と言った時、子供がうなずく）
> 　　Oh, you live in Yokohama. Please say, 'I live in Yokohama'. Good!

また、教える側も常に自分の指導法が正しいかどうかを確認する必要があります。次のような、授業の反省のチェックリストを作っておくとよいでしょう。

☐ Did your children smile or laugh during the lesson?

☐ Were your children relaxed during the lesson?

☐ Did your children enjoy the lesson?

☐ Was your voice loud enough?

☐ Did you create a relaxing atmosphere during the lesson?

☐ Did your children learn during the lesson?

☐ Did you give each child a lot of encouragement and positive feedback?

☐ Did every child understand your lesson?

☐ Is every child improving?

1章 引用・参考文献

- 中本幹子（1995）『Learning World 3』テキスト（アプリコット）p.9
- Young, Joshua（1973）「25 What Are Tails For?」『READING POWER BUILDER』（Science Research Associates, Inc.）
- Penfield, W. & Roberts, L.(1959) Speech and Brain Mechanisms. Princeton, N. J.: Princeton University Press. 上村忠雄・前田利男（訳）（1965）『言語と大脳:言語と脳のメカニズム』（誠信書房）
- Whitaker, H.(1977) "Neurobiology of Language." In Carterette, E. C. & Friedman, M.P. (eds.) Handbook of Perception, Vol. VII Language and Speech. New York: Academic Press, Inc.
- Canale, M. & Swain, M.(1980) Theoretical bases of communicative approaches to second language teaching and testing. Applied Linguistics, 1: 1-47
- 三浦清進（1991）「8章 言語と会話のストラテジー－英語学習との関連から－」高橋順一・中山 治・御堂岡 潔・渡辺文夫編『異文化へのストラテジー』（川島書店）p.116
- 久保良英「幼児の言語発達」（児童研究所紀要5）
- Brown, H. D.(1987) Principles of language learning and teaching. Englewood Cliffs: Prentice Hall.
- Brown, H. D.(1994) Teaching by principles: An interactive approach to language pedagogy. New Jersey: Prentice Hall Regents.
- 鈴木孝夫（2000）『英語はいらない!?』（PHP新書）
- 中本幹子（2000）「小学校における英語教育－その課題に関する一考察－」（羽衣学園短期大学英語英文学研究紀要6）pp.45-61

第2章 英語教育とコミュニケーション能力の育成

本章は、コミュニケーションの道具としての英語に焦点をあて、まず、英語教育以外のさまざまな角度からコミュニケーション能力について紹介しながら、児童英語教育で必要になる「国際コミュニケーション能力」育成のための目標と具体的な活動のあり方を記しました。

1. 英語を「使う」とは 30-33

2. 第二言語習得の分野の研究からのコミュニケーション能力 34-35

3. 国際(理解)教育からの考察 36-37
　国際(理解)教育と異文化理解教育 ……………… 36
　国際理解教育から「国際教育」へ ……………… 37

4. 国際コミュニケーション能力とは 38-40
　国際コミュニケーション能力を育てる活動とは? …… 38

5. 児童英語教育への実際 41-44
　国際コミュニケーション能力を育成する活動 ……… 41

1 英語を「使う」とは

　英語教育の改善が言われて久しいですが、私達日本人が「英語を使う」機会とは、どんな時でしょう。一部の海外旅行や留学を除き、実社会では、そのほとんどが経済的、政治的、学術的折衝の場だということに気づくでしょう。そして、国際会議の大部分は英語を使い、基本的に英語を母国語とする文化の枠組み（ルール）に従って会議そのものが成り立っています。そういった経済、学術、政治等の国際会議および折衝の場での日本人の対応の貧弱さは多くの経済人や学者によって指摘され、報告されていますが、それらが「英語運用能力の低さ」だけに起因しているのではないと思われます。そして、英語の能力以外にも、日本人特有の文化や慣習の中に理由があると考えられます。次の三氏のお言葉を借りて具体的に考えてみましょう。

　在米22年、元MIGA（世界銀行傘下の多数国間投資保証機関）の長官を勤めていた、国際的経済人の寺澤芳男氏（1997）は著書『英語オンチが国を亡ぼす』に次のように記しておられます。

> 「英語ができない、というのは残念ながら政治家だけに限らない。財界人も、学者も、新聞社や通信社の特派員も英語ができないのだ。（中略）日本のリーダーは、英語が話せないゆえに、国際交渉の舞台で自己主張もできず、外国のトップとの心のふれあいもできず、国民の声の代弁もできない。このままいけば、やっぱり日本は変な国だ、ルールも違うし、ざっくばらんに話し合う機会もないし、心のふれあいもない。いつも同じ顔をし、何を考えているか分からない、と思われても仕方がない。しかしこれでは世界の仲間にも入れてもらえず、孤立し、競争にも負けてしまう」(pp.52-62)

　また、臨床心理学者の河合隼雄氏（1995）は『日本人とアイデンティティ』の中で国際社会における日本人の自我を次のように記しておられます。

> 「欧米人が「個」として確立された自我をもつのに対して、日本人の自我——それは西洋流に言えば「自我」とも呼べないだろう——は、常に自他との相互的関連のなかに存在し、「個」として確立されたものではない、ということであった。（中略）日本の学者と話していると、いろいろなことはよく知っているのだが、自分自身の意見を言わないのでおもしろくない、と言った人もある。あなたの意見はと言われると、まず周囲のことを気にする日本人の傾向は、欧米人に言わせると「自我がない」とまで極論したくなるほどなのである」(p.23)

　国際捕鯨委員会の日本政府代表のアドバイザーでもある文化人類学者、高橋順一氏（1991）は、国際的な会議における日本人のコミュニケーションの持つ問題を考慮した結果について『異文化へのストラテジー12章　国際会議にみる日本人の異文化交渉』の中

で述べていらっしゃいます。そのいくつかを抜粋させていただきました。

> 「日本人は言語を使用する場合、語のもつ厳密な意味(literal meaning)よりも発話者の意図(intended meaning)のほうを重視するという傾向が強いようであるが、これは議事録中の用語の選択にそれほど細かく執着しないという態度に結びつきやすい。その結果、議事録の中に有利な記録が残らない」

> 「国際会議のような多者間交渉では、交渉相手に自らの意思を示す二者間交渉とは違って、自らの立場を普遍的妥当性を持つような形で、第三者をも説得しなければならないが、その多者間交渉技術の活用が不十分であるためにうまく適用できない」

> 「自国代表団内の集団秩序維持のために多くの労力が使われ、個々の団員の自由な行動を阻害する要因になっている。そのためインフォーマルな形で意見を交わし情報の交換を行なう議場外活動が効果的にできない」

英語が公用語になり、国際会議の運営が英語圏の文化に基づいている現状を踏まえて、私達日本人は国際的に、より有利に活動し、無駄な誤解を避けるためにも、英語の運用能力をはじめ、大きな意味での「国際コミュニケーション能力」を身に付けていかなければいけません。

コミュニケーション能力の重要性を訴えている論文や書籍はたくさん目にします。しかしながら、そのコミュニケーション能力とは何か、その能力はどういった学習活動から育つのかを具体的に書いたものはなかなか見つからないのが現状です。従って、その解釈もさまざまで、それが英語教育の失敗に終わっている原因の一つになっているのではないかと思います。

その「コミュニケーション行動」に欠くことのできない要素として、高橋純平氏(1994)は次の3点を挙げています。

1 コミュニケーション行動の主体(送り手と受け手)としてのひとり、または複数の人間(これには集団・組織を含む)
2 送り手から受け手へと伝えられるメッセージとその内容を構成するシンボル
3 メッセージを伝達する手段(メディア)　高橋純平・藤田綾子編『コミュニケーションとこれからの社会』(p.8)

また、社会言語学者の三浦清進氏(1991)は、『異文化へのストラテジー』の中でコミュニケーション能力を次のように定義しています。

> 会話は話し手と聞き手の協同作業であることを前提にして進行し、発展していくものであることはすでにみた。そうなると、ただたんに文法知識のみでは協力的な会話は

> 望めない。相手の知識や感情にも十分な配慮を払いながら誤解が生じないように言語表現に工夫をこらし、自分の目的を達成するために適確なコミュニケーション行動をとる能力が必要となってくる。この能力を一般に「コミュニケーション能力」とよんでいる。(p.116)

　国際会議において、日本人の参加者を表現するのに"Three Ss"というのがあります。「沈黙」(silence)、「居眠り」(sleep)、「微笑」(smile)です。意見を持たないので沈黙し、そのうちに眠ってしまう。相手の言っていることが理解できず、また、理解できないという意思表示もできずにただ微笑んでその場をやりすごそうとする。コミュニケーションとは程遠い日本人の態度が的確にあらわされています。

　その一方では、大学で日本語を選択する外国の学生が増えています。日本語検定試験の受験者も年々増加し、その成績も上がっています。彼らは母国語によるコミュニケーション能力がしっかりしている場合が多く、公的な場で意見を述べたり、話し合ったり、理論的に話すことができるのです。彼らが日本語を使って私達日本人とコミュニケーションを持つとき、私達日本人がたとえ母国語であったとしても彼らと対等に理論的なコミュニケーションができるかは疑問です。

　J.V.ネウストプニー氏は「日本人はコミュニケートができないから英語ができないのだ」と主張しています。つまり、日本人の英語ができないのは、英語の能力が低いのではなく、コミュニケーション能力が低いためだというのです。

　井上善夫氏（1994）は、『コミュニケーションとこれからの社会』の中で次のように述べています。

> 「もはや「あいまいさは美徳」では通用しない、国際化時代を自覚するときがきているのである。もちろん、人間関係の面での日本的なあいまいさの美徳を否定するものではないが、少なくとも、これからは、仲間うちのことばと、公的な場面で自分の考えた情報を的確に伝達できる論理的な話しことばを身につけ、場面に合わせて使いわける必要がある」(pp.146-147)

　また、井上氏は、「大勢の人の前で話すスピーチ」や「上手な話し方」ではなく、「自分のことばで、話の場面の公私度に合わせて、意図する内容を聞き手に的確に伝えられる話しことば」をパブリック・スピーキング（public speaking）と定義づけ、日本人はその能力を身につけることを急ぐ必要があると述べています。

　しかし、残念ながら日本の学校教育において、英語科だけではなく国語科でも、このパブリック・スピーキングの学習はありません。いわゆる「話す」学習だけではなく、「話す」

内容を自分の中でまとめる学習も、極端に言えば自分の考えを持つ学習も実践されていないのです。

ここに、霜崎實氏（1997）が『コミュニケーションとしての英語教育論』の中でコミュニケーション能力と日本の英語教育との差をわかりやすく著した文章があります。

> 従来の英語教育における理想的な学習者を一言で表現するならば、いわゆる英語の「できる」学習者と言ってよいだろう。ここで、その典型として「英語大好き少年」に登場してもらうことにしよう。彼は、英語そのものが大好きになってしまった少年である。英語に関することならば何にでも興味を持つ。英語の文法事項にも精通しているし、発音に関してもほとんど英語の母語話者のそれと区別がつかないほどである。英語で書かれた文章も正確に読みこなす能力を持ち、もちろん英語の成績は常に優秀である。こうした英語学習者がいるとすれば、教師にとっては理想的な学習者だと言ってよいだろう。しかし、こうした学習者像はこれまでの英語教育の枠組みのなかで作られた理想像であって、視点を変えてみると必ずしも理想像とは言えなくなる。
> 　ここで、ひとつのメタファーを導入することにしよう。言語のコミュニケーション機能に注目すると、言語は思考・概念・感情などを盛り込むための「袋」（あるいは「容器」）として見立てることができる。英語大好き少年は、いわば袋が大好きになってしまったことになる。確かに、袋を立派にすることには、それなりの意味はある。私たちは、言語を通してものを考え、思考の糸を紡ぐ。あまり目の荒い袋では細かい内容は漏れてしまうし、弱い材質の袋では使用に耐えない。しっかりした、しかも目の詰んだ袋を作ることは、その意味で大切なことではある。しかし、どんなに立派な袋を持っていても、所詮それは袋でしかない。袋に入れるべき「中味」がないことには、袋本来の機能は果たせないことになる。
>
> 「第2章　磁界発生装置としての英語教育」(p.144)より

この章の冒頭で、敢えて英語教育界ではなく、経済学者の寺澤氏、臨床心理学者の河合氏、国際捕鯨委員会の日本政府代表アドバイザーである高橋氏という、国際的に活躍している方々のお言葉を紹介させていただいたのは、国際的な視線から「英語を使う」ということをもう一度考え直す必要があるからです。グローバル化が進むにつれて、生徒のほとんどが同じ民族である日本の英語授業の視点だけでは、英語教育全体を捉えきれなくなってきました。

自分の考えを持ち、それを自分の言葉で表現し、聞き手に理解させる能力、または聞き手を説得する能力が、今までの英語教育には含まれていませんでした。今後は、このような能力が英語教育の中で重要視されなければならないことが、理解できたのではないでしょうか。

2 第二言語習得の分野の研究からのコミュニケーション能力

　第二言語習得の分野、つまり英語を第二言語として教える研究は、移民大国であるアメリカやイギリスで古くから研究されてきました。社会言語学者である Dell Hymes（1970）は、コミュニケーション能力を次のように定義しています。

> 「コミュニケーション能力とはある特定の文脈において、互いにメッセージを理解したり、意味を話し合うことを可能にする能力である。その能力は、言語についての知識と言語の社会的・機能的働きの両方を身に付けることによって得ることができる」

Canale and Swain（1980）は、コミュニケーション能力を次の4つの能力に分けています。

① grammatical competence（文法能力）
② discourse competence（談話能力）
③ sociolinguistic competence（社会言語的能力）
④ strategic competence（方略的能力）

　①の文法能力とは、言語の構造・語彙・発音に関する知識を指します。②の談話能力とは、場面や状況を的確に把握し、伝えられる能力を言います。たとえば、Do you have a watch? は、相手に時間を聞きたくて質問しているのか、本当に時計を持っているかどうかを知りたくて聞いているのかは状況によって違ってきます。③の社会言語的能力とは、言語が話されている社会的、文化的な状況を考慮した上で、自分の言いたいことを相手に伝えたり、相手のことを理解できる能力のことです。たとえば、相手と別れる時に、Let's get together again soon. を Good-bye. の意味で解釈できるのもこの能力です。④の方略的能力とは、コミュニケーションをスムーズに進めるために必要な能力です。相手の話の内容がよく理解できない時、Pardon me? Could you repeat that again? などと問いかけるような表現方法を実際のコミュニケーションの場で適切に使える能力を言います。

　その後1990年に Bachman が Canale and Swain の定義を改訂しました。Bachman はコミュニケーション能力をまず organizational competence（構成能力・編成能力）と pragmatic competence（語用論的能力）に分類しました。organizational competence（構成能力・編成能力）は、さらに grammatical competence（文法能力）と textual competence（テキスト能力（まとまりのある文を作る能力））に分かれます。pragmatic competence（語用論的能力）は文脈の中で社会的・文化的ルールに従って適切に言語を使用する能力で、さらに illocutionary competence（発話内能力）と sociolinguistic competence（社会言語的能力）に分類されます。illocutionary competence（発話内能力）は、「さまざまな行為（依頼、約束、謝罪など）を、言語を通して適切に遂行する能力」で、次の4つの機能に分類されます。

① ideational functions（観念的機能）：考えや感情を持ち、それらを表現する機能
② manipulative functions（操作的機能）：物事を処理し、何かを達成する機能
③ heuristic functions（発見的機能）：問題の解決法を発見していく機能
④ imaginative functions（構想的機能）：何かを構想し、創造していく機能

（白畑知彦ほか『英語教育用語辞典』大修館書店 より抜粋）

　日本の英語教育の現状に詳しいJ.V.ネウストプニー氏は、第二言語習得の分野からのコミュニケーション能力の定義をふまえた上でコミュニケーション能力を、発音・語彙を含む文法能力と、それ以外の能力に分け、後者の立場を強調するべきだと述べています。コミュニケーション活動には両者ともにもちろん必要不可欠ですが、あまりにも前者に偏重した教育がなされてきたために、後者の必要性が、今、叫ばれているのです。

　本書では、コミュニケーション能力の中で、発音・語彙を含む文法能力を高める目標を「言語目標（linguistic focus）」とし、それ以外の能力を「コミュニケーション能力育成目標（communicative focus）」と位置付けています。

3 国際（理解）教育からの考察

　児童英語教育の研究者には、「国際（理解）教育派」と「コミュニケーション能力育成派」がありますが、本当に「国際（理解）教育」と「コミュニケーション能力育成」とは全く異質なものなのでしょうか。

　先にも述べたように、国際（理解）教育を考える際には、ボランティア精神の育成、異文化理解、開発教育および自己肯定を促す教育の面を考慮に入れることが必要です（→1章 pp.23-25）が、ここでは国際教育の分野から「国際コミュニケーション」について考えます。

国際（理解）教育と異文化理解教育

　大津和子氏、米田伸次氏（1997）らは『テキスト国際理解』の中で、世界のグローバル化と日本の社会の国際化という現代の変化に対応して、育成を必要とされる資質の一つとしてのコミュニケーション能力を「単に外国語ができるということだけではなく、自己の意見や考えを持ち、それを適切に表現すると共に、他者からのサインやメッセージを受け止め、時には他の情報も活用し、的確に判断しながら、互いに理解を深めていく能力」としています。（下線：筆者）

　国際理解教育という名の下で書かれたテキストの大半の主な内容が、特定の先進国の情報（クリスマスやハロウィーンのような文化的行事）であったり、民族学ともいえそうな異文化理解であるのが現状ですが、異なる文化を見て対岸の火事を見るように感心したり蔑んだりするのではなく、隣にいる価値観の違う人、隣にいる民族の異なる人との共存こそが国際（理解）教育です。したがって、「自己の確立、つまり、自己を肯定できなければ他を尊重できない」という国際（理解）教育の根本的な理念が欠けてしまうと、国際理解という名目で学習する情報が、実は異文化の上澄みだけをすくい取っているにすぎなくなります。

　「異文化理解教育」とは、すでに存在している異文化についての知識ではなく、対話する相手側にある異文化に対し、適切に対応していく能力を養うものです。それは、外国の知識を単にたくさん知っているのではなく、異なった社会的通念・価値観を持つ対話相手を共に受け入れ合い、共存していく能力です。異文化を楽しむ好奇心、異文化を拒否しない許容心、異文化と折り合っていく態度を育むことが異文化理解教育の目標です。自分の国をよく知り、自国や自分に対して誇りを持つ自尊心も、国際コミュニケーション能力の重要な要素です。

国際理解教育から「国際教育」へ

「ユネスコ憲章」前文には次のように述べられ、平和の実現のためには異文化理解が不可欠であることが述べられています。

> 「戦争は人の心の中で生まれるものであるから、人の心の中に平和の砦を築かなければならない。相互の風習と生活を知らないことは、人類の歴史を通じて世界の諸人民の間に疑惑と不信をおこした共通の原因であり、この疑惑と不信のために、諸人民の不一致があまりにもしばしば戦争となった」

その後、ユネスコは第18回ユネスコ総会(1974)において、加盟国に対して「国際理解、国際協力および国際平和のための教育並びに人権および基本的自由についての教育(Education for International Understanding, Co-operation and Peace and Education relating to Human Rights and Fundamental Freedoms)」に関する勧告を採択しました。これを略して「国際教育」と呼ばれています。

現在日本で使用されている「国際理解教育」という名称は、1955年にユネスコで勧告された「国際理解と国際協力のための教育(Education for International Understanding and Co-operation)」を略したものとされています。

大津和子氏(1992)は、日本では1974年の「教育勧告」以降もそれ以前と同じ「国際理解教育」という名称が使用され、内容も、他国、他文化理解中心にとどまっていると警告しています。

東京都立教育研究所国際理解教育推進プロジェクト研究委員会は、この「教育勧告」を受けて国際理解教育の目標を下記のように設定しました。(1992)

① 国際社会における連帯と協力の精神の育成
② 自国認識に立った異文化理解とその尊重
③ 表現力の向上
④ 個の確立と個性の尊重

国際(理解)教育の中に上記③,④の項目が含まれていることは、今後の英語教育の方向性を示唆するものでしょう。

4 国際コミュニケーション能力とは

　小学校からの英語教育導入の是非を議論する時、コミュニケーション能力を育てることが必要ならば、国語教育の中ですればよいとの意見があります。島国である日本人には、日本人特有の意思伝達の方法があります。それは私達日本人が誇るべき文化であり、守らなければいけない文化の一つだと思います。

　筆者は常々、国語教育ではあくまでも、日本人として、日本の社会文化に根づいたコミュニケーション方法を学ばなければならないと考えています。しかし、英語を国際語として使い、世界の人々と共存していくには、英語教育を通して「世界に通じるコミュニケーション能力」を身に付けていかなければならないでしょう。日本におけるコミュニケーション能力との混同と誤解を避けるためにも、本書で述べるコミュニケーション能力とは、「国際コミュニケーション能力」であることを言及しておきます。

国際コミュニケーション能力を育てる活動とは？

　英語教育における「国際コミュニケーション」の役割とその重要性は確認できましたが、実際の授業の中で、その能力を高めるにはどのような活動が必要でしょうか。

　国際コミュニケーション能力を実際の活動の中で育てるには、レッスンプランを立てる時に、その授業で学習する「言語目標（linguistic focus）」、つまり、ターゲットの語彙や語句や文章を決めるだけではなく、その授業の活動を通しての「コミュニケーション能力育成目標（communicative focus）」も、明確にする必要があります。

　認知心理学の研究で有名なRobert Sternbergは、一般の知能観を

　① 実際的問題解決能力　　② 言語能力　　③ 社会的有能さ

の3つに分けて分析しています。（Triarchic Theory of Intelligence）

　ここでは、日本における児童英語教育の目標を「国際的に活躍できる人材の育成」と考え、それに必要な国際コミュニケーション能力を一般的知能観と呼応させて考えてみました。

① 実際的問題解決能力
1. 自分の意見を持つことができる。
2. 自分の考えを理論的に構築することができる。
3. 自分の考えや意見を効果的に相手に伝えることができる。
4. 柔軟な考えを持つことができる。
5. 偏った先入観を持たない。
6. 自己学習能力がある。

7. 情報を確実に伝えることができる。

8. 自分を臆することなく表出することができる。

9. 理解できない時は質問し、それを解決することができる。

10. 情報を確実に得ることができる。

11. 情報を正確に解釈することができる。

12. 他人の意見の趣旨を十分に理解できる。

13. 情報間の関連を理解することができる。

14. 問題の全側面を見渡すことができる。

15. 問題を多角的に扱うことができる。

② 言語能力

1. 語彙が豊かである。

2. 言語規則を十分知っている。

3. はっきりと明瞭に話す。

4. 理解させることのできる言語特有の発音、リズム、イントネーションを身につけている。

5. 得た情報を再生し、正しく相手に伝えることができる。

6. 見たことや経験したことを、言語を使って正しく説明することができる。

7. 自分の考えや効果的に相手に伝える言葉、言語表現を選ぶことができる。

8. 自分の考えや感情を、言語を使って口頭で相手に伝えることができる。

9. 自分の考えや感情を、言語を使って書いて、相手に伝えることができる。

10. 「読む」行為から正確な情報を得ることができる。

11. 「聞く」行為から正確な情報を得ることができる。

12. 情報を正しくまとめることができる。

13. 事実やものごとを正しく定義することができる。

14. 経験したことを順序だてて言うことができる。

15. 自分の感情や意見を、言語を使ってまとめることができる。

③ 社会的有能さ

1. 広く世界に関心を示す。
2. 異文化に偏った先入観を持たない。
3. 異なった言語、文化、習慣に対する知識がある。
4. 異なった言語、文化、習慣を尊重できる。
5. 社会問題に対する知識がある。
6. 互いの立場を認め合った上で共存できる。
7. 自分に対して肯定的な考えを持っている。
8. 自分の感情や内面を表出することができる。
9. 自尊心を持つ。
10. 相手に失礼なく、Yes. No.を表示することができる。
11. 他人の要求や望みに対して、心配りができる。
12. 他人の立場や意見を尊重することができる。
13. 他人の過ちに対して寛大である。
14. 他人と協力して作業をすることができる。
15. 積極的に他人とコミュニケーションをとることができる。

5 児童英語教育への実際

　「国際コミュニケーション能力」がかなり具体的になってきました。こうして見ると、従来の文法中心の日本の英語教育の中では、その能力の中のほんの一部（→p.39 ② 言語能力の 1, 2, 4）の3項目を目標とした授業のみをおこなってきたことがわかります。もちろん一語文、二語文でもコミュニケーションは成り立ちますが、より複雑な内容を正確に伝えるために、文章の規則を知ることは欠かせません。母国語の習得過程と異なり、第二言語、または外国語として語学を学習する場合、その言語に接している時間にかかわらず、文章の規則を学習することはターゲットの言語を習得する上で有効です。しかし、日本ではあまりにも文法能力を偏重した教育が「普通」とされてしまい、それ以外の能力を英語教育に取り入れてこなかったことが、日本人の英語力の弱化につながったのではないでしょうか。

　これでようやく、クラスの中で何を教えなければならないかが見えてきました。逆に言えば、前述した能力を育てる活動を授業の中に取り入れることで、私達の目的である「英語を使って（話し、聞き、読み、書く）コミュニケーションできる人材」が育つというわけです。

　では、実際、授業での活動やゲームではどんな目標が必要でしょうか。4節で掲げた「国際コミュニケーション能力」を実際に児童英語教育に応用するために、A～Hの8つのテーマをもとに再構成したのが下の48項目です。

　大人と違って、幼児や児童を教えるには「今」「ここ」に見えているものがすべてです。架空の設定された場面ではなく、現実の世界の中で日常生活体験に密接した活動を作らなければなりません。

　ここでは児童英語教育では活動をおこなう際に、どんな目標を持つ活動が必要なのか具体的に考えてみましょう。

国際コミュニケーション能力を育成する活動

A「自分の考えを構築する」

1. 既習の語彙・文型を使って自分の考えをまとめる活動
2. 子供が自分で選択肢を選べる活動
3. 子供が自分の考えを、段階を追ってまとめていける活動
4. 子供の創造性を育む活動
5. 自らが答えを探し出す活動
6. 段階を追って自分を表現できるようになる活動
7. 実践的な活動の中で、文章の規則を帰納的に理解する活動

- ⑧ 答えが1つでないことを認識する活動
- ⑨ 指導者が、前もって答えを知らない活動
- ⑩ 子供が自由を持っている活動
- ⑪ みんなの前で口頭で発表する活動（public speaking）
- ⑫ 自分の学習を把握し、責任を持つ活動

B「情報を得る」
- ⑬ 「知りたい」という好奇心を刺激する活動
- ⑭ 注意して聞かなければできない活動
- ⑮ 自分から質問しなければできない活動
- ⑯ 情報を得るための「読む」活動
- ⑰ 情報を正しく聞きとるための活動
- ⑱ 理解できるまで質問しなければできない活動
- ⑲ わからない時は「わからない」と伝え、質問する活動

C「情報を伝える」
- ⑳ 「教えたい」という心を刺激する活動
- ㉑ はっきりと言わなければできない活動
- ㉒ 情報を正しく、確実に相手に伝える活動
- ㉓ 情報を相互に伝え合う必要のある活動
- ㉔ 「自分の考え」を人に伝える必要のある活動
- ㉕ 情報を伝えるための「書く」活動
- ㉖ 非言語で情報を伝える活動

D「自分の中で情報をまとめたり消化する」
- ㉗ 情報をまとめるための「読む」活動
- ㉘ 情報をまとめるための「書く」活動
- ㉙ 事実を言語で定義する活動
- ㉚ 得た情報を自分の言葉を使って表現する活動

E「国際的意識を持つ」

(31) 異文化に対する正しい知識を得る活動

(32) 相手の言語や文化を尊重する態度を養う活動

(33) 異文化や価値観の違うものを受け入れる活動

(34) 地球社会に目を向ける活動

(35) 社会的差別やこだわりをなくす活動

F「自尊心を持つ」

(36) 自分自身を表出させる活動

(37) 子供の自尊心を育む活動

(38) 子供の肯定思想（自己肯定）を育む活動

(39) 自分と同様に他を認める心を育む活動

G「積極的にコミュニケーションをとる態度を育む」

(40) 積極的に話しかけなければできない活動

(41) 子供同士が協力して課題を解決する活動

(42) 子供同士、情報や考えを交換する活動

(43) 他の子供の意見を聞き、取り入れながらおこなう活動

(44) 他の子供と話し合って情報を整理する力を養う活動

H「問題の全側面を見渡し、解決する」

(45) 情報間の関連を理解し、問題を多面的に考える活動

(46) 読んだり聞いたりした複数の情報を、総合的にまとめることができる活動

(47) 課題を解く情報を得るために必要な質問を選択できる活動

(48) 自発的に質問し、積極的に課題に取り組む態度を養う活動

このように活動を1つ1つ見ていくと、これらの活動には子供同士競争させる活動が入っていないことに気がつきます。子供同士競争させる「ゲーム」は、子供の活動を活発にし、楽しいものではありますが、それは手段であって、活動の目標にはなりえません。各活動は、最初は文型・語彙をコントロールした中での課題活動、その後、文型・語彙の意識的練習ではなく「目的」に支えられた活動、つまり学習者の注意が「発話の形式」ではなく、「内容」に向けられる活動に移行していきます。英語で書かれた本やインターネットから情報を選び、自分の意見をより詳しく、説得力のあるものにしながら自己表現していく過程が重要です。

　なお、本書の実践編で紹介する110の活動例では先に記した48の項目を踏まえながら、言語能力としての「語彙」「言語規則」「英語の発音・リズム・イントネーション」をも含めて、活動の種類をわかりやすく下記のように分類してあります。

1. 語彙・文型を効果的に覚える活動
2. インフォメーション・ギャップがある活動
3. 創造的な考えを育み、人に伝える活動
4. 国際理解（self-esteemを含む）を促す活動
5. アルファベット（フォニックスを含む）を効果的に覚える活動
6. 「読む」ことを中心とした活動
7. 情報を交換しながらおこなう活動

　さらに具体的に言えば、「インフォメーション・ギャップのある活動」は前述の項目のB、C、Hからなり、「創造的な考えを育み、人に伝える活動」はA、D、「国際理解（self-esteemを含む）を促す活動」はE、F、「情報を交換しながらおこなう活動」はG、Hを考慮に入れて活動内容を構築してあります。

　実際の英語の授業では、ただ「楽しい」だけの活動に終始しがちですが、「国際コミュニケーション能力を育成する活動」を参考にして、それぞれの活動の主旨および方法をあらかじめしっかりと認識することが大切です。

（2章 引用・参考文献はp.84に掲載）

chapter 3

第3章

児童英語教育の
キーワードの定義と実践的解釈

本章は、児童英語教育においてよく耳にする言葉に焦点ををあて、その中で、日々のレッスンのために「知っておくべきこと」「注意すべきこと」を実践者の立場から具体的に解説しました。レッスンプランをたてる時には、これらのキーワードの実践的な意味を踏まえておくことが大切です。

児童英語教育のキーワード

1. EFL/ESL/EILに代表される英語の種類 46
2. input/output（インプット・アウトプット）...... 47
3. Communication activities
   （コミュニケーション活動）...... 49
4. Information gap（インフォメーション・ギャップ）...... 51
5. Mother Goose（マザーグース）...... 51
6. Picture books（絵本）...... 53
7. Songs（歌）...... 56
8. Chants（チャンツ）...... 56
9. Phonics（フォニックス）...... 58
10. TPR（全身反応法）...... 63
11. Syllabus（シラバス）...... 64
12. Curriculum（カリキュラム）...... 66
13. Self-esteem（自尊感情）...... 67
14. 書く活動の指導法 （Creative writing）...... 68
15. 読む活動の指導法 （Active reading）...... 70
16. 児童英語教育における文法・文型事項（Structures）...... 72
17. 評価（Evaluation）...... 74
18. 国際（理解）教育（Global education）...... 76

児童英語教育のキーワード

1. EFL/ESL/EILに代表される英語の種類

英語はある特定の国々で母国語として話されているだけでなく、さまざまな機能を持つ言語です。私達が幼児、児童に「英語」を教える時、自分がどのような英語を教えているのか、また教えるべきなのかを、はっきりと認識しておかなければなりません。

英語には大きく分けて次の5種類の機能があります。

●第一言語としての英語（English as a Native Language）

英語を母国語としている国で生まれた人達が使う英語です。言語と日常生活が密接に結び付いているので、英語を母国語としている国の文化、歴史、習慣、価値観などと切り離せない英語です。

●第二言語としての英語（English as a Second Language）

英語を母国語とする国における移民の人達が使う英語で、移民の人達が第二の祖国に1日でも早く同化し、支障なく生活するために学ぶ英語です。言葉の学習を通じてその土地の価値観や風習を受け入れることが大切になります。そのため、アメリカやイギリスでは古くから第二言語としての英語教授法（Teaching English as a Second Language）についての研究が多くなされてきました。英語の教材の多くはこの第二言語としての英語（ESL）をベースに書かれています。授業で学習した英語は、実生活ですぐに使われるという特徴があります。教室の外はすべてoutputの場となります。

●外国語としての英語（English as a Foreign Language）

英語を母国語としない国の人達が学校で習う英語で、コミュニケーションの手段ではなく外国の言語として英語を学習します。同時に、言葉を通して英語を母国語とする国々の文化を学びます。言語に伴うジェスチャーを一緒に覚えたり、英語圏におけるマナーや生活習慣の違い、主な行事（お祭りなど）も学びます。授業で学習した英語を実生活で使う機会がほとんどありません。

●多国籍英語（Multi-International Englishes）

インドにはインドの英語、日本には日本の英語があってよいのではないかという考えに基づいています。それぞれの国の文化や価値判断を背景とした英語で、もちろん発音面でもアメリカ英語やイギリス英語を真似なくても通じればよいという考えです。その英語がきっちりと相手に通じれば、神経質になってアメリカ人やイギリス人の発音に忠実に従う必要はなく、日本人なまりの英語であっても、話している内容が明確、正確であることの方が重要だとする考えです。

● 国際語としての英語(English as an International Language)

　国際社会の中で国家間の交流がますます盛んになり、世界単位で話し合ったり、生活の場が国際的になってくると、そこに住む人々の間に使用される共通言語が必要になります。世界の科学者の60％が英語を読み、郵便物の70％が英語で書かれ、コンピュータのデータベースの80％に英語が使用されています。現在、学術、政治、経済に力を持つアメリカの主要言語が、便宜的に共通語となっていますが、英語はすでに、それを母国語とする国だけのものではなく、同時に国際的な言語となっているのです。英語を母国語としている国々の文化や価値観の影響を受けない「コミュニケーションの道具」としての機能を持つ言語とも言えます。

　今後、私達が日本で教えていかなければならない英語は、この国際語としての英語です。日本人として、また個人としてアイデンティティと誇りを持ち、英語を使うことが大切です。

2. input/output (インプット・アウトプット)

　言語の習得を考える場合、学習者はまず言語を「受け取る」ことから始めます。inputとは入力を意味し、学習者が読んだり、聞いたりする目標言語の全てを意味します。inputは大きく分けて2種類あります。学習者は理解できるけれど、自分では使うことができない入力言語を roughly-tuned input と言います。テレビやラジオから聞こえてくる英語は、たとえ内容が理解できても自分の中でそれを消化し、使うことはなかなかできません。しかし実社会から入ってくるリアルで貴重な input です。一方、finely-tuned input は学習者のレベルとカリキュラムに合わせて注意深く慎重に選ばれた入力言語です。英語のテキストや教材のCDの中に出てくる英語は後者にあたります。読んだり聞いたりする英語の中には難しすぎて完全に理解できないものもありますが、その中で理解し、言語材料として自分の中に「取り入れること」を intake と言います。

　input は語彙や文型を体系的に与えることも大切ですが、その内容は子供達の目線に合ったもの、自尊心を高めるもの、異文化理解を高めるもの、国際(理解)教育に合ったものなどを選ぶことが大切です。教室内での input の活動は語彙や文章の提示、暗誦、暗記が中心となりますが、日本における英語教育を考えた場合、その授業時間が限られていますので、短時間で効果的に「取り込む」ことができる input の手段を考えることが重要になります。

児童英語教育における input の手段は、右の6種類に分けられます。より効果的にするために劇を取り入れたり、チャンツの速さを変えたり、グループに分かれて歌を輪唱にしたり、歌詞の一部を意図的に歌わないようにしたり、よくなじんだ曲を使って替え歌を作ったりして工夫してください。

●さまざまな input の手段
1. Mother Goose (Nursery Rhymes)
2. Songs
3. Chants
4. Dialogues
5. Poems
6. Stories (Picture books)

子供達が無意識のうちに同じ語彙や語句を繰り返さなければならない手段を考えてください。なお、上記の手段以外に、日常生活の中から雑誌、新聞、テレビ、映画、ビデオ、広告等を活用し、リアルでタイムリーなものを素材として提供することも大切です。

　教室内ではできるだけ多くの理解可能な input を指導者が提供し、それを効果的に取り入れることが大切ですが、それだけでは十分とは言えません。子供達が受け取った知識を活用させる機会を与えなければならないのです。input で受け取った知識から自分で選択し、自分で言葉や文章を作り出して初めて知識が活性化されます。つまり、「読んだり聞いたり（input）」した中で、自分の中に「取り入れた（intake）」言語を、自分で選び、使い方を工夫して話したり書いたりすることによって、自分の「言葉」を産出する訓練が必要になります。このための活動をアウトプット（output）と言います。教室内で自分の「言葉」を作り出し、指導者やクラスメートからのフィードバックを受けることによって、言語の規則や機能をより自分のものにしていき、発話できるようになるのです。日本では、教室外で英語を実際に使う機会がほとんどないので、教室内での output を目的とした活動が必須です。

　教室内の活動は、ともすれば input を目的とした活動に偏重されがちです。ある活動をする場合、指導者はその活動の目的が、ある文型や表現を覚えるためなのか、あるいは使うためなのかを把握しておかなければなりません。たとえば子供達に人気のあるビンゴゲームやカード取りゲームは、語彙や文章を覚えるための input を目的としたゲームですが、この活動を output と混同している先生も少なくありません。特定の語彙や文章を使ってある課題を解決する活動の場合、それは特定の語彙や文章の練習だから input を目的とした活動であるとみなす学者もいますし、課題を解決するために英語が必要で、その英語が、話者の自由を少しでも持つならば、それは output として引き出すことを目的とした活動であると考える学者もいます。

筆者はoutputを促す活動を「子供達相互間のコミュニケーションを促す活動」（→コミュニケーション活動）や「語彙や語句を制限せずに子供の自由な考えを表現することのできる活動」にまで発展させることが、これからの英語教育に必要不可欠であると思っています。

3. Communication activities（コミュニケーション活動）

　英語は、それ単独で学習するものではなく、英語を使っておこなうコミュニケーション活動の中で、英語自体の能力と、それを使っておこなうコミュニケーション能力が相互に培われるものであるというコミュニカティブ・アプローチ（communicative approach）の理念に基づいた言語活動のことを言います。コミュニカティブ・アプローチに基づいた言語活動の目標と特徴は次のようになります。

コミュニカティブ・アプローチの言語活動の目標と特徴
1. 目標言語を使っての子供達（ペアまたはグループ）のやりとりや協力活動を通じて、コミュニケーション能力を高める。
2. 文法や語彙の習得を目的にするのではなく、言語を道具として使用できることを目的とする。
3. メッセージや活動に使用される英語の「形態」ではなく、「内容」の把握、伝達を重視する。
4. 正確さより流暢さを大切にする。
5. 子供達の目の高さのもの、子供達が関わっている実社会から教材を選ぶ。
6. 言語習得だけを目標とするのではなく、学ぶ「過程」を大切にする。
7. 発音は理解し得るものであればよい。（native speakerのようになる必要はない。）
8. 子供達にとって必要、または有益であれば、母国語の訳を与えてもよい。
9. 指導者が一方的に教えるのではなく、学習者中心の活動を重視する。
10. 子供達の答えに自由を持たせる。

　一般的に「インフォメーション・ギャップがある」「目的がある」「使う表現に自由がある」活動をコミュニケーション活動と呼んでいます。与えられている場面環境、登場人物の性格、解決すべき課題を考慮に入れて対話文を作る**ロールプレイ**（role-playing）、教室での言語活動を現実のコミュニケーションと同じ状況にするタスクを中心とした**課題解決活動**（task-based activity）などが主な活動です。タスク（task）とは課題や作業の意味で、解決すべき課題に取り組む過程で実際に英語を「使う」ことが必要になるため、英語の運用能力が高められることが広く知られています。コミュニケーション・

タスク（communication task）には、インフォメーション・ギャップ・タスク、ジグソー・タスク、情報転換タスク、問題解決タスク、意見交換タスクなどがあります。また、タスクはその到達点（タスクの解決点）を明確にしておくと活動がしやすくなります。

- ●インフォメーション・ギャップ・タスク（information gap task）＝（→p.44 **2** 参照）
- ●ジグソー・タスク（jigsaw task）＝1つのグループでメンバーがそれぞれ異なる情報を持ち、互いに協力しながら課題を解決する。→活動例は「実践編」No.109（Four Pencils）参照
- ●情報転換タスク（information transfer task）＝読んだことを基に話をしたり、聞いたことを書き取るなど、ある伝達手段で得た情報を別の伝達手段で他に伝える。具体例：小学校中学年なら絵を見てその絵を言葉で友達に説明し、説明を受けた子供は聞いたことに基づいて数種類の絵の中から正しい絵を見つけ出す活動（→活動例は「実践編」No.66（Where is My Pencil?）参照）や、上級レベルなら調査活動の結果を口頭で発表したり、レポートに書く活動→活動例は「実践編」No.108参照
- ●問題解決タスク（problem solving task）＝いわゆる「犯人探し」のような活動が代表としてあげられる。→活動例は「実践編」No.34（Wanted）、No.84（Can You Swim?）参照
- ●意見交換タスク（opinion-exchange task）＝ディベートや討論をおこなうなど、自分の意見を持ち、あるテーマについて意見を交換していく。

上に示したように、コミュニカティブ・アプローチの理念に基づいたコミュニケーション活動は厳密には「語彙・文型をまったくコントロールしないで表現を自由に使って課題を解決する活動」のことを言いますが、実際には、課題解決の過程で使う語彙・文型を学習者の能力によって最初に提示する学習活動や言語活動、あるいは既習の語彙・文型を使っておこなう学習活動や言語活動であっても、そこにインフォメーション・ギャップや内容に話者（子供達）の「自由」がある場合には、広い意味で「コミュニケーション活動の初期活動」と見なすことができるでしょう。

本書の実践編では児童英語教育に応用しやすい、インフォメーション・ギャップ・タスク、ジグソー・タスク、情報転換タスクを主に取り入れてあります。

なお、本書の実践編で紹介する110の活動の多くはコミュニカティブ・アプローチに基づいていますが、このアプローチの反省点である「文法力が希薄になる」ことを補うために、活動の後にチャンツや歌で、各レッスンのターゲットとなる文型の定着を図っています。

4. Information gap（インフォメーション・ギャップ）

　対話する両者の間の情報のずれを意味します。一方が知っている情報を、もう一方が知らない状態で、この状況を作ることで初めて情報交換の意味が出てきます。つまり、そこには一方が自分の知りたい情報を相手に聞き、聞かれた方は自分の持っている情報を相手に伝える必要性が発生します。従来の日本の英語教育は、一般にこのインフォメーション・ギャップを無視した、何度も同じ文章を繰り返すような機械的な口頭練習（ドリル）が多くを占めていました。

> **例えば、**先生が本の絵を見せて、"**What's this?**" と質問し、生徒が "**It's a book.**" と答える。先生は初めからその答えを知っているので、"**That's right.**" と言って次の絵に進む──

　これは、普段は何の疑問を感じない英語の授業のひとコマですが、ここには落とし穴があります。英語を「コミュニケーションの道具」として考えると、私達は最初からわかっていることを人に聞くことはまずありません。"What's this?" とたずねる場合は、そこにある物が何かわからない時に発する言葉なのですから、相手の答えが返ってきた時の反応は "That's right." ではなく、"Thank you." または、"I see." となるはずです。

　インフォメーション・ギャップのないドリルばかりをしていると、実際の場面で、本当にわからないものを示されて "What's this?" と質問された時、何も言えずに黙ってしまう子供が多くなります。"What's this?" という質問に対して "I don't know." と言ったり、"What's that?" と聞き返すことができる人は、大人でも稀有です。この例からもわかるように、指導者は日頃からクラス内で、インフォメーション・ギャップのある活動をおこない、自然な形でコミュニケーション活動をさせることが大切です。

　インフォメーション・ギャップ（情報のずれ）を利用して互いに質問しながら解決する課題活動を、インフォメーション・ギャップ・タスク（information gap task）と言い、2名以上のメンバーが異なる情報を交換しながら課題を解決する活動をジグソー・タスク（jigsaw task）と言います。いずれも、児童英語教育には欠かせない活動です。

5. Mother Goose（マザーグース）

　イギリスで古くから伝わる伝承童謡（わらべうた）です。英語の音やリズムの楽しさを学ぶだけでなく、英語圏の文化や伝統に触れることができるため、児童英語教育には多く取り入れられています。マザーグースには、詞だけのものとメロディーが付いているものがあります。歌い継がれる間に、メロディーや歌詞の一部が変化しているものも多く見ら

れます。また、古い英語が使われていることも多く、あえて現代英語に直したものも出ています。英語のリズムと歴史や文化を教えるために、あえてそのまま教えることもできますし、現代英語で教えることもできるでしょう。finger play（指遊び）や動作が付いているものは特に子供達が楽しみます。1語1語訳すのではなく、動作や実物、絵などを使って教えるとよいでしょう。

　代表的なマザーグースには、次のようなものがあります。

● Ring-Around the Roses (Ring-a-ring o' roses)

Ring around the roses,
A pocketful of roses,
One, two, three,
And we all fall down.

(Ring-a-ring o' roses,
A pocket full of posies,
A-tishoo! A-tishoo!
And we all fall down.)

● Pease Porridge Hot

Pease porridge hot,
Pease porridge cold,
Pease porridge in the pot
Nine days old.

Some like it hot,
Some like it cold,
Some like it in the pot
Nine days old.

Daddy likes it hot,
Mommy likes it cold,
I like it in the pot
Nine days old.

● One, Two, Buckle My Shoe

One, two, buckle my shoe,
Three, four, knock at the door,
Five, six, pick up sticks,
Seven, eight, lay them straight,
Nine, ten, a big fat hen.

● Apple pie, Apple pie
(Nursery Rhyme)

Apple pie, Apple pie,
Peter likes apple-pie:
So do I so do I.

● Georgie Porgie

Georgie Porgie, pudding and pie,
Kissed the girls and made them cry,
When the boys came out to play,
Georgie Porgie ran away.

● This Little Pig Went to Market

This little pig went to market,
This little pig stayed at home,
This little pig had roast beef,
This little pig had none,
And this little pig cried,
Wee-wee-wee-wee-wee,
I can't find my way home.

6. Picture books（絵本）

　児童英語教育の授業に使われる絵本には、英語を母国語とする子供達のために書かれたものと、英語を学習している子供達のために書かれたものがあります。前者は英語圏の文化を知るために有効です。また、音韻（ライム）を意識して書かれたものが多く、英語のリズムや音の楽しさを同時に学ぶことができます。後者は語彙や文章の難易度を意識して書かれています。

　授業に絵本を導入することによって、教室内だけでなく、さまざまな世界の語彙や表現を学ぶことができます。楽しい絵が子供達を物語の世界へ導き、各場面に合った絵が英語の理解を助けてくれます。指導者が感情をつけて読み聞かせる（またはCDを利用する）ことによって、内容をより理解することができ、英語のリズムやイントネーションが自然に身につきます。お話の筋の中で、語彙や表現を覚える（in context）ので定着が図りやすい上に、全ての英語を理解できなくても、お話が楽しむことができます。

　同じ単語やパターンの繰り返しで構成されている絵本が多いので、繰り返しの効果によっても定着を図ることができます。すでに子供達が母国語で読んで知っている物語の英語版を選ぶのも、英語をひとかたまり（chunk）で理解しやすくなるので有効です。

　指導者は楽しい雰囲気の中で、身振り手振りをつけて感情を込めて読んでください。登場人物によって声を変えたり大きな声で読むことによって、子供達はストーリーの中に引き込まれていきます。次に何がくるか、期待を持たせながらページをめくりましょう。1度読んだだけで終わらずに、絵や展開について質問をしながら、最後には子供達も一緒に朗読できるように何度も読むことが大切です。その後はストーリーに関連したゲームや活動（工作）も合わせておこなってください。

　絵本を使って教える場合の留意点は次の通りです。

絵本を選ぶ際の留意点

1. 簡素な文章で書かれたものを選びましょう。
2. 内容にテーマがあるものを選びましょう。
3. ユーモアのある、肯定的なテーマのものを選びましょう。
4. 子供達が親しみやすい絵や色使いのものを選びましょう。
5. ページごとに次の展開に期待が持たせられるものを選びましょう。
6. レッスンで使う場合は拡張しやすいものを選びましょう。
7. 音声が付いている場合は、音楽や声の調子が理解を助けるものを選びましょう。

　ここでは拙著・英語絵本シリーズを使ったレッスンの一例を紹介します。

絵本を使ったレッスンプラン例 # A Beautiful Butterfly

- **Textbook** キッズ英語絵本シリーズ Vol. 2 "A Beautiful Butterfly"（CD付／アプリコット刊）
- **Linguistic Focus** 色の語彙と "Something (blue)" の表現方法を学ぶ。

Procedures

Introduction 色のピクチャーカードを以下の順で黒板のチョークトレイに並べ、色の名前の復習をする。
(red, green, blue, yellow, pink, white, black, gray, purple, brown, orange)

Listen and Read.

1 絵本（pp.2-3）を開き、登場したイモムシを紹介する。

2 絵本 p.2 を見せてCDをかけ、歌詞に合わせてチョークトレイに並べた色のカードを順番に指さしていく。

3 絵本 pp.4-5 を見せてチョウチョを紹介する。

4 （絵本 pp.6-9) I have to eat something blue. Blue, blue, blue,... でCDをポーズにし、子供達に食べ物で何か青い物を考えさせる。子供達が答えると、次のページに進み、再びCDをかける。

5 （絵本 pp.10-13) I have to eat something yellow. Yellow, yellow, yellow,... でCDをポーズにし、子供達に食べ物で何か黄色いものを考えさせる。子供達が答えると、次のページに進み、再びCDをかける。

6 同様にしてp.25まで red、pink、brown と、その色のものを考えさせながら進んでいく。

7 （絵本 pp.26-27) **CD 20** に合わせてそれぞれの色のチョウチョを指さしていく。

8 子供達に何色のチョウチョになりたいかを尋ねる。

Individual Work & Oral Presentation (Coloring a Beautiful Butterfly)

1 pp.28-29 のチョウチョをコピーしたものを子供達に配る。子供達は自由に自分の好きな色で自分だけのチョウチョに仕上げていく。この時、好きな色を好きな数だけ使ってよい。
2 子供を1人ずつ立たせて自分のチョウチョについて発表させる。（このとき、自分だけのチョウチョであることに誇りを持たせる）。先生は肯定的なコメントやほめ言葉をいくつも与える。

Follow up　　Song: "Action Colors"

1 色のカードを1枚ずつ子供達に配り、KID'S ID PASSで首からかけさせる（手を自由に動かし、使えるようにする）。このとき先生はすべての子供が自分のカードの色を知っていることを確かめる。
2 歌を歌い、歌詞に合わせて「手をたたく」「足をふみならす」などの動作をつける。
3 子供の持っている色カードを交換し、新しい色カードで再びアクションをしながら歌を歌う。

児童英語教育のキーワード

Communicative Focus 美しさは個人で異なることと、人それぞれの価値を認め合う自尊心を高める。

Teaching Tools
- 色のフラッシュカード
- 絵本のCD
- 絵本のpp.28-29を子供の人数分コピーする。
- KID'S ID PASS（カードを首からかけるもの）を子供の人数分用意する。

Teaching Instructions & Students' Responses | Picture Book Pages

T: What color is this?
　Let's say the colors from the beginning. Red, green, blue…

1 T: What's this?
　　It's a caterpillar.
　　It is a black caterpillar. 　pp.2-3

2 CD 1（子供達は下線部分を一緒に歌う。）
> I am a caterpillar, I am a TINY caterpillar, And one day I will be a butterfly, A beautiful butterfly, Flying in the sky, I will be red and green and blue and yellow and pink and white and black and gray and purple and brown and orange... A beautiful butterfly.

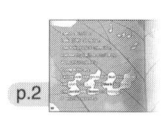

p.2

3 T: Wow! A beautiful butterfly!
　　Isn't this butterfly beautiful? 　pp.4-5

4 T: What's blue?（ページをめくりながら）
　S: Blueberry!
　T: Yes! A blueberry. 　pp.6-9

5 T: What's yellow? 　**S:** Lemon! Cheese! …
　T: Let us see … What did the caterpillar find?
　　（ページをめくりながら）A banana! 　pp.10-13

pp.14-25

7 CD 20
　（子供達は指導者と一緒に1つ1つのチョウチョの色を言う。） 　pp.26-27

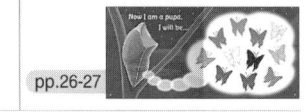

8 T: What color butterfly do you want to be? A green butterfly? Or a red and green butterfly?

1 T: Color your butterflies.
　　（子供達はチョウチョに好きな色をぬっていく。）
2 S: This is my beautiful butterfly.
　T: That's a beautiful butterfly! I like your butterfly.
　　What a colorful butterfly! 　**S:** It's red, pink and green. 　pp.28-29

1 T: Red, raise your hands.（赤いカードをもっている子供が手を挙げる。）
2 CD 23（Everybodyのところは全員で動作する。）
> 1. Red, red, clap your hands, Blue, blue, clap your hands,
> 　Green, green, clap your hands, Everybody, clap your hands.
> (**2.** yellow, brown, pink **3.** orange, purple, black)　　3 verses

pp.30-31

7. Songs（歌）

　大人のみならず幼い子供達も、知らない言葉を習う時は緊張します。歌を使った学習では、緊張感を軽減することができ、声も大きく出すことができ、知らず知らずのうちに英語の持つリズム、イントネーション、語彙・文型などを身に付けることができます。児童英語教育にとって歌の効果は絶大です。また、教室内でみんなで一緒に歌うことによって、指導者からの一方的な勉強の場ではなく、楽しみながら主体的に、また積極的に英語に触れることができます。具体的に歌を教える利点を考えると、次のようになります。

> **歌で教える利点**
> 1. リズム、イントネーション、発音や英語の音の変化（reduction, linking）が自然に身に付く。
> 2. 幼い子供達は大きな動作と共に教えることで、緊張せずに自然に英語に親しめる。
> 3. finger play や動作と共に教えることで、1文1文を訳さなくても理解しながら歌う、TPR（Total Physical Response）としての効果がある。
> 4. 覚えさせたい語彙を、メロディーにのせると身に付きやすい。
> 5. 覚えさせたい文型を、よく知られた曲にのせて替え歌を作ると、効果的に覚えられる。
> 6. Christmas、Easter などの行事の歌を覚えることで、異文化について学ぶことができる。
> 7. 英語に限らず、いろいろな言語で歌うことで、異なる言語を知りつつ、楽しい雰囲気でクラスを活性化することができる。

　1つの歌にはさまざまな効果が含まれます。授業が始まる時に歌うことで自然に子供達を英語の世界へ導いていく効果がありますし、ターゲットの文法・文型事項を覚える際の記憶の一助にもなり、また、国際理解のための学習にも効果的に活用することができます。動作を付けたり、ゲームを伴ったり、グループで輪唱したり、歌詞の一部を順番に抜いて歌ったり、替え歌を作ったりして工夫してください。子供達がゲームや作業をしている間に background music として聞かせておくのも思わぬ効果があります。

8. Chants（チャンツ）

　チャンツとは、元来、教会で1人の僧侶を中心に、他の信者が聖歌や経典の一部または全部を読唱することを意味しています。一般の教育の場では、詩や短文をリズムにのせて、指導者の後に付いて子供達が朗読することを意味するようです。

　チャンツはアメリカやカナダの幼稚園や小学校で頻繁に使われています。1979年にニューヨーク大学のキャロリン・グレアム（Carolyn Graham）が第二外国語の教授法として *Jazz Chants for Children*（Oxford University Press, 1979）を出版したことがきっかけとなり、日本でも input の手段の1つとして認知されるようになりました。これは、アメリカ

英語の表現をリズムにのせて表したもので、発話に自然なリズム、イントネーション、ストレスが身に付くようにデザインされています。

　英語は1つの語に母音が1つあると、その前後に最大7つまで子音が付くことがあります。しかし、日本語の音には常に母音が付く（「ん」を除く）ので、次のような語がそれぞれ（　）内の発音になってしまいます。

> stríct ⇒ (sutorikuto),　spaghétti ⇒ (supagettii),　péncil ⇒ (pensiru)
> schóol ⇒ (sukuulu),　eleméntary schòol ⇒ (erementarii sukuulu)

　これをリズムにのせ、アクセントを強調して発音すると正しく発音することができ、日本人の苦手な弱母音も比較的簡単に言えるようになります。

　また、日本語の文章の中では言葉の重要性にかかわらず、1つの語の長さは同じですが、英語では大切な音は長く、それ以外の言葉は短く速く発音します。また、1つの意味を成す語句も、語と同じ1拍で発音します。以下の4つの文章の／の部分は単語の長さや数に関係なくすべて同じ長さで読まれます。

> Show me ／ this ／ please.
> Show me ／ this one ／ please.
> Show me ／ the other one ／ please.
> Please ／ tell me ／ what I can ／ do ／ for you.

　このような英語の特性を誇張してリズムにのせ、覚えやすく楽しい雰囲気に仕立てたものがチャンツです。日本の英語授業のreading練習は、1語1語を丁寧に読むためにその語句の長さが同じになり、語句と語句の間があいて、いわゆる日本語式英語になってしまいがちです。この相違点を軽減するために、まず、文字を見せる前にチャンツを聞かせてください。机をたたいたり、指を鳴らすなどしてビートをきざみ、口頭で十分練習した後に文字を見せます。このような方法で学ぶことで、音節が多い語句や長い文章をスムーズに覚え、英語特有のリズム、イントネーションを自然に習得することができます。チャンツ学習は一本調子のpattern practiceなどに比べ、リズムを使い、掛け合いの練習が多いことからクラスの雰囲気が明るくなり、子供達もリラックスして学習しやすい環境を作ることができます。文中のandや指示形容詞のthatなど、弱母音の発音も正しいリズムの流れの中で自然に身に付きます。また文脈（context）による強調部分もスムーズに理解できます。

チャンツには、この他にも以下のような利点があります。

> **チャンツで教える利点**
>
> 1. 指導者と子供、または子供同士の掛け合いで構成されていることが多いので、個人の緊張感を減少することができ、グループ単位で楽しみながら覚えることができる。
>
> 2. ターゲットの文型の繰り返しでデザインされているものが多く、子供達は知らず知らずのうちに文型を覚えていくことができる。（文法的な説明をしないで文脈の中から覚えた文章は子供達の定着度が高い）
>
> 3. 歌の苦手な子供、特に小学校高学年の男子で、かわいい歌を歌うのが嫌な子供でも、リズムだけでできているチャンツには、抵抗なくrepeatができる。

9. Phonics（フォニックス）

　日本語は、かなの名前とかなの読み方が同一の言語ですが、英語はアルファベットの文字の名前と、その音が異なります。また、文字の並び方によって、音が異なる場合が少なくありません。そのため、英語の文字は、日本語のようにかな、カタカナ、漢字と多くの種類があるわけではありませんが、英語を母国語とする小学生でも、読むこと（音読）に苦労する子供が多いのです。

　フォニックスとは、アルファベットのそれぞれの文字が持つ音（音素）と文字の順序（つづり）の結びつき（規則）を教えることで、読む能力を高めようとする方法です。たとえばgの文字で始まり、次にa, o, uの文字が続く場合、gは必ず[g]と発音され（good, goat）、gの次にi, e, yが続く場合は、gは[dʒ]と発音される（giant, gym）というような規則です。

　フォニックスとは、元来このように英語のつづりと発音の規則を教えることによって、語彙や文章の読み（音読）を可能にするものですが、現在ではさらに幅広く、英語を外国語として学習する日本でもいろいろな形で教えられています。しかし、フォニックス自体は英語を母国語としている子供達を対象に教えられていた方法なので、私達日本人が外国語として学ぶ英語に取り入れる時には、この差異を十分理解しておかなければなりません。英語を母国語としている子供達は、フォニックスで規則を学習する前に、音声で多くの言葉がすでに生活の中で習得されていますが、日本の子供達の場合は限られた語彙しか学習していないことが大きな違いです。

児童英語教育のキーワード

　フォニックスは、たくさんの言葉を習得した後、帰納的につづりと音の規則を学習するべきものです。フォニックスを教える際は、既習の語彙を使って教えることが大切です。規則を教えるために、英単語を教えなければならないのは本末転倒です。日本においてもフォニックスが英語の読み方の学習に非常に有効であることは事実ですが、ルールを教えることにこだわりすぎないように注意しましょう。また、ここで言う「読み方の学習」とは音読の学習であって、単語の意味を理解したり、内容を把握したりする活動ではありません。

　フォニックスの代表的なルールには次のようなものがあります。

子音＋母音＋子音のつながりを教える

ad	sad	bad	dad
ag	bag	tag	sag
an	man	fan	can
ap	cap	map	tap
at	bat	cat	fat
id	kid	did	lid
ig	big	pig	wig
in	fin	pin	win
ip	lip	dip	tip
it	hit	sit	kit
ob	job	rob	mob
og	dog	jog	hog
op	hop	mop	top
ot	got	pot	lot
ox	fox	box	lox
ub	cub	rub	tub
ug	bug	hug	mug
un	bun	sun	gun
up	cup	pup	up
ut	but	cut	nut

9 • Phonics

59

子音＋母音＋子音のつながりを教える

ed	bed	red	wed
eg	leg	peg	beg
ell	bell	sell	tell
en	hen	pen	ten
et	get	jet	met

c と g は次に e, i, y が来る時、異なる音を持つ

c+e,i,y	cent	city	cycle
g+e,i,y	gesture	giant	gym

Consonant Digraph (Trigraph) を教える

2つまたは3つの子音で1つの音を作る

ch	chip	rich	church
sh	ship	shop	sheep
th	math	thank	bath
ph	phone	photo	phonics
wh	whale	what	when
ck	kick	sick	slick
ng	king	song	long
tch	catch	match	witch

黙字の e を教える

Silent "e" 最後に発音しない e が来るとき、その前の母音はアルファベット読みをする。

Ex. pin — pine   pet — Pete   hop — hope   tub — tube

a	[ei]	cane	made	tape
e	[i:]	Pete	Eve	Steve
i	[ai]	mine	ride	side
o	[ou]	hope	note	joke
u	[ju:]	cube	huge	cute

Blend を教える

2つまたは3つの連続する子音をすばやく読む

bl	blue	black	blob
cl	clip	clap	clock
fl	flag	flat	flock
gl	glad	glass	gloss
pl	play	plum	plan
sl	slip	slot	slim
br	brown	brim	bran
cr	crab	crop	cross
dr	dress	drum	drill
gr	green	gruff	grim
fr	frog	frill	frock
pr	press	pray	prod
tr	tree	trip	truck
tw	twig	twist	twin
sk	skip	skill	mask
sm	smell	smock	smack
sn	snap	sniff	snack
sp	spy	spell	spot
sq	squat	squeak	squid
st	stop	staff	step
sw	swim	swan	swell
scr	scrab	scream	scratch
shr	shrimp	shred	shrunk
spr	spring	sprout	sprung
str	street	stream	straw
spl	splash	splint	split

児童英語教育のキーワード

母音＋母音のルールを教える

母音が2つ並んでいる時、最初の母音をアルファベット読みし、次の母音は発音しない。

ee/ea	[iː]	b<u>ee</u>	s<u>ee</u>	s<u>ea</u>
ai/ay	[ei]	r<u>ai</u>n	t<u>ai</u>l	pl<u>ay</u>
ie	[ai]	p<u>ie</u>	t<u>ie</u>	l<u>ie</u>
oa/ow	[ou]	b<u>oa</u>t	c<u>oa</u>t	sn<u>ow</u>
ue/ui	[juː]	d<u>ue</u>	T<u>ue</u>sday	j<u>ui</u>ce

母音＋母音のルール：Vowel Digraph を教える

母音が2つ並んだ時、新しく1つの音を合成する。

oy/oi	[ɔi]	t<u>oy</u>	b<u>oy</u>	j<u>oi</u>nt
ou/ow	[au]	<u>ou</u>t	b<u>ow</u>	cr<u>ow</u>n
au/aw	[ɔː]	f<u>au</u>lt	l<u>aw</u>	y<u>aw</u>n
oo	[uː]	z<u>oo</u>	r<u>oo</u>m	p<u>oo</u>l
oo	[u]	b<u>oo</u>k	c<u>oo</u>k	g<u>oo</u>d

母音＋r を教える

母音の後に r が付くことによって、はっきりとした長母音でも短母音でもない音になる。

ar	[ɑːr]	c<u>ar</u>	p<u>ar</u>k	y<u>ar</u>d
※ar	[ɔːr]	w<u>ar</u>	w<u>ar</u>m	w<u>ar</u>ning
er/ir/ur/or	[əːr]	h<u>er</u>	b<u>ir</u>d	t<u>ur</u>n	w<u>or</u>m
※or	[ɔːr]	f<u>or</u>k	p<u>or</u>k	t<u>or</u>n
air	[ɛər]	f<u>air</u>	h<u>air</u>	ch<u>air</u>
ier	[iər]	p<u>ier</u>	p<u>ier</u>ce	f<u>ier</u>ce
eer/ear	[iər]	d<u>eer</u>	f<u>ear</u>	h<u>ear</u>

児童英語教育のキーワード

発音しない子音の結びつきを教える

| kn | <u>kn</u>ow | <u>kn</u>ife | <u>kn</u>ee |
| gh | ni<u>gh</u>t | fi<u>gh</u>t | li<u>gh</u>t |

　フォニックスのルールには例外も多くあります。前述のように、「アルファベットの持つ音とつづりの規則を知ることによって、音読能力を高めることができる」と割り切って、規則を段階的に個人ペースで学習できるプログラム方式が有効です。その後、フォニックスのルールに合った既習の語をたくさん取り入れたストーリーを読むことをお勧めします。フォニックスの学習をすることで、単にルールを学ぶだけでなく、ルールを知ることで本が読めるという体験を子供達にさせてあげられるのです。

10. TPR（全身反応法）

　TPRとは、Total Physical Responseのことで、1960年代にアメリカの心理学者ジェームズ・アッシャー（J.J.Asher）によって開発された教授法です。TPRは、ターゲットの文型を口頭練習するよりも、実際に身体を動かしながら活動する方が英語の定着力が優れているという考えに基づいています。アッシャーは、幼児の母国語の習得が、話し始める以前にたくさん聞くことから始まり、その聞くこと（listening）の大部分が命令形と、その反応を身体を使っておこなうことであることに注目しました。

　この教授法ではまず、指導者が命令形を使って子供に動作を促します。子供は英語を繰り返して言う必要がなく、動作を使って応じます。指導者は一連の動作をできる限り細かく分けて命令していきます。子供が十分に英語を理解した後、他の子供に命令をします。

教室に入って自分の席に座るまでの一連の動作の例
You are standing outside of your classroom.
1. Turn the doorknob.
2. Open the door.
3. Go inside.
4. Close the door.
5. Go to your desk.
6. Put your bag on your desk.

>   **7**. Open your bag.
>   **8**. Take your textbook and pencil case out of your bag.
>   **9**. Put them on your desk.
>   **10**. Put your bag away.
>   **11**. Pull out your chair.
>   **12**. Sit down.
>   **13**. Put your hands on your lap.
>   **14**. Listen to your teacher.

　このように、この教授法は大人の学習者でも英文を暗記したり、発話を強制されることがないので緊張感を持つことなく英語を身体で覚えていくことができます。動作と英語が結び付いていて、日本語を介さずとも理解できるために、特に幼児・児童英語教育には有効となります。

11. Syllabus（シラバス）

　Syllabus（シラバス）の定義は『英語教育用語辞典』（大修館書店）によると、「特定の教育課程の教育内容、学習項目の選択、配列を具体的に示した授業計画」となっています。シラバスの種類には、次のようなものがあります。

①構造（文法）シラバス (structural syllabus)

　文法構造を難易度の低いものから順に並べ、学習指導項目を決定します。例えば、Lesson 1 では「Be動詞の説明と練習」、Lesson 2 では「Be動詞の否定文と疑問文の作り方」といった構成で、中学校の文部科学省教科書のほとんどは、構造シラバスに基づいて書かれています。

②場面シラバス (situational syllabus)

　日常生活の一部を場面として取り出し、その場面で使われる英語を学ぶ方法で、場面ごとに学習指導項目を決定します。文法的な難易度に関係なく、それぞれの場面で起こると予想される典型的な言葉のやりとりが選ばれ、提示されます。

　　　例:「朝、学校の教室」という場面

　　　　　A: Good morning. Did you do your homework?
　　　　　B: Oh, I forgot. Are we going to have a test today?
　　　　　A: I don't think so.

このように、現在形・過去形・未来形などが場面に応じた形で同時に出てきます。実際の生活から場面を選定してあるので、構造シラバスに比べて会話が自然で実用的ですが、実際に人間が話す内容は、同じ場面であっても千差万別であるため、ある種の不自然さと制限を払拭することはできません。

③概念・機能シラバス (notional/functional syllabus)

言語の構造よりも、言葉が持つ概念と機能を重視して学習指導項目を決定します。言語を使って何をするか、つまり「何のために言語を使うのか」という言語を使う目的を重要視し、伝達したい内容の枠組みを成す概念と、言語の機能（文型・文法など）を軸にしています。

概念・機能シラバスを応用した例としては、次のようなものがあります。

例:「友達が宿題をいつも忘れます。次の表現を使ってアドバイスしてください」

Don't ….

Why don't you …?

You had better (not) ….

You should (not) ….

I think it may be a good idea that ….

You must (mustn't) ….

④タスク中心シラバス (task syllabus)

コミュニケーション活動を通して言語を習得することを目的とします。そのための「課題（task）」を与え、結果よりも、その過程の言語活動そのものを重視します。

児童英語教育に応用した課題（task）の例には次のようなものがあります。

例1：ペアの一方が家族の写真を見せて家族の説明をし、その後聞き手が写真を見ないでパートナーの家族を口頭で説明する。

例2：ペアがお互いに自分の部屋のようすを説明し、互いに相手の部屋のようすを絵にする。

効果的な課題（task）の特徴は次のとおりです。（『英語教育用語辞典』大修館書店より抜粋）

- ●課題の到達点が明確である。
- ●課題を完了するために情報交換を必要とする。
- ●実際の生活でのコミュニケーションとほぼ同じ作業である。
- ●内容が現実の社会活動と深く関わっていて、子供の興味、関心、および知的レベルに合っている。

12. Curriculum（カリキュラム）

　カリキュラムとは「ある学習グループの英語学習の目的に合った一連の言語学習プログラム」のことで、学習目的を果たすための指導内容（学習する言語材料とその順序、手段、時間数）、指導方法、学習期間、授業の頻度、評価法などを含み、その学習グループの到達目標に至るまでの総合的かつ具体的な指導計画をいいます。

　国公立の中学校で教えられているほとんどの教科の指導計画（カリキュラム）は、1人の先生に委ねられているのではなく、文部科学省が学習指導要領で大筋を示し、それに沿って各教科書会社が検定教科書を出版し、各都道府県の教育委員会が教科書を採択し、現場の教師はそれに沿って授業を遂行しています。したがって、日本では「カリキュラム開発」を個々の指導者がおこなうという土壌はありませんでした。

　しかし、2002年に導入された国際理解教育の一環としての英語活動に関しては、現在のところ国としての明確な指導計画も文部科学省認定の教科書もなく、その指導計画（カリキュラム）は自治体または学校に委ねられています。したがって、自治体や学校の責任は大きいものといえるでしょう。

　個人で英語を教える場合も、指導計画を作成する前に英語教育の目的を明確かつ具体的に捉えておくことは大切です。指導計画を立案しないまま歌やチャンツを繰り返すといった、目先の楽しさを追い求めるだけのレッスンを重ねていくことは避けたいものです。

　児童英語教育の目的を、筆者の言う「国際的に活躍する人材の育成」と置くならば、「音声教育、発話教育（コミュニケーション能力の育成）、国際（理解）教育」という児童英語教育に含むべき三要素をバランスよくカバーすることが大切です。（→1章 p.18）

　これらのどの要素に重点を置いて指導計画を作成するかは、各自治体、学校、指導者によって大きく異なります。たとえば、音声教育を主とした指導計画であれば、歌やチャンツをできるだけ多く聞かせ、模倣、暗誦させることに重点を置きますが、コミュニケーション能力の中の語彙や文法能力に重点を置く場合は、日本の従来の中学・高等学校で実施されている指導計画にほぼ等しくなります。公立小学校への英語活動導入に伴って、国際（理解）教育に力を入れている学校も見られ、社会科との連携も、かなり英語活動のカリキュラムの中に入ってきているようです。

　本書におけるカリキュラムは、p.87及び「実践編」を参照してください。

13. Self-esteem（自尊感情）

　従来、self-esteemは、「人格の全体的価値すなわち尊厳を自己において認める意識」として哲学的、倫理的立場から論じられてきました。心理学的立場ではジェームズ（James,W.,1890）以来「自己評価の価値」として捉えられています。

　ローゼンバーグ（Rosenberg,M.,1965）によると、自尊心が高いということは、人が自分自身を尊敬し、価値ある人間であると考える程度が高いことを意味し、その時自分が必ずしも人より優れていると感じることでもなく、劣っていると感じることでもないと捉えています。また自分が完全であると究極的に感じているのではなく、むしろ成長や改善の期待と限界を知っていることを意味しています。

　このように、self-esteemの定義は研究者によってさまざまですが、筆者はself-esteemの定義を「他者との比較で自分を評価するのではなく、自己に対する肯定的認識（自己肯定）」と捉えています。self-esteemとコミュニケーション能力（特に発話能力）についての研究はまだ新しい分野ですが、ハイド（Heyde, 1979）は自尊心が高いほど発話回数が多くなり、コミュニケーションがスムーズになると述べています。humanistic techniquesを通じて情意面を大切にする英語教育の研究も多くなされており、「人間中心の外国語教育」における成果として「学習意欲と向上」「伝達能力の向上」「自尊感情や他者受容に対する態度の向上」など、その有効性が報告されています。

（Christensen, 1975; Galyean, 1977 ; Moskowitz, 1981；加賀田哲也, 2001）

　子供にポジティブなフィードバックや安心感を与え、子供の内面を表出させるファシリテーター（facilitator）としての指導者の役割が、今後の日本の言語教育に大きく影響してくるものと考えられます。（→4章）

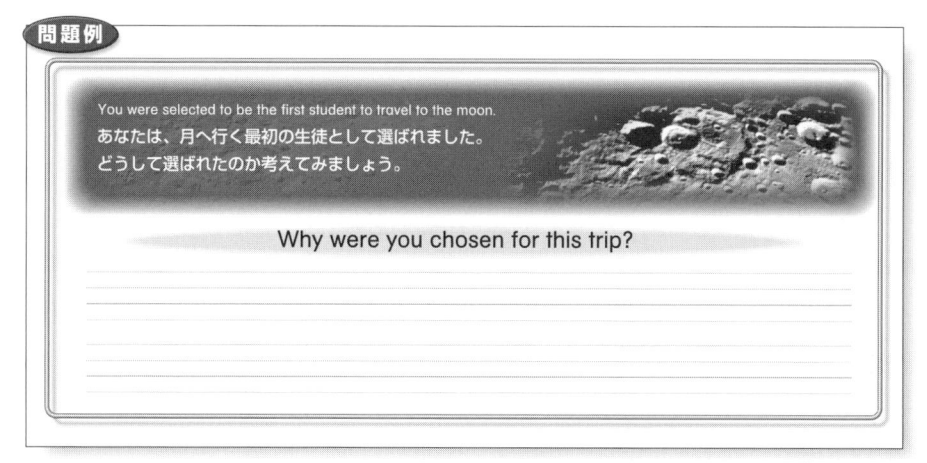

問題例

You were selected to be the first student to travel to the moon.
あなたは、月へ行く最初の生徒として選ばれました。
どうして選ばれたのか考えてみましょう。

Why were you chosen for this trip?

self-esteem を高める問題例 ●Learning World for Tomorrow p. 29より

14. 書く活動の指導法（Creative writing）

　「書く指導法」に入る前に、英語教育において「書く」という技能の定義を考えましょう。「書く」行為は、ある一定の文章を書き写すだけの行為ではありませんし、言葉のつづり（spelling）を暗記するだけのものでもありません。ましてや、日本語を英語に翻訳することでもないのです。

　本来、「書く」ということは、手紙を書いたり、レポートを書いたり、ノートをとったり、感想を書いたり、小説や詩を作ったりした時に人に見せたり、記録を保存するための行為です。それがたとえ講義や演説の記録であっても、書かれた情報の要約であっても、必ず書き手の能動的な「意志」の入った行為であるはずです。「書く」という行為は書き手の意志を伝える自己表現の手段ですから、書かれた内容は当然書き手によって違っているものなのです。筆者が「書く」の定義にこだわるのは、現代の中学・高校生の英語教育の中で「書く」教育が、実はほとんどなされていないと感じるからです。たとえば、試験問題などで、次の日本文を「決められた数の語彙を使って英訳せよ」という類のものをよく見かけますが、このような課題は、ある語彙や語句の使用法の練習にすぎません。これは書く指導のごく一部分と言えるでしょう。こういう問題は「書くこと」の前段階にすぎないものであることに留意しなければなりません。

　同様に、「読む」行為はもともと文章から情報を得るためにあるものですが、日本では「英語を日本語に直すこと」が読む行為であると誤解されています。私達がよく耳にする、「日本の英語教育は「読む」「書く」に重点をおき、「聞く」「話す」を軽視してきたために英語の運用能力がついていない」という説は、実は日本の英語教育の実状を真に理解したコメントとは言えないのです。

　書く活動（creative writing）には、次のようなものがあります。

> 1 文型・語彙をコントロールした中での課題活動
> 2 文型・語彙をコントロールした中での open-ended sentences, open dialogues
> 3 文型・語彙をコントロールした中での場面描写と伝達活動
> 4 文型・語彙のコントロールされていない課題活動

　上記 1 - 3 を経て、4 で初めて文型・語彙の意識的練習ではない目的に支えられた活動が成立し、子供の注意が主に英文の「形式」ではなく、「内容」に向けられます。

「書く」活動における指導手順

1. 子供達のレベルと興味に合った writing の課題を選ぶ。
2. 課題に対する自由な発想ができるような雰囲気作りをする。
3. 子供達から、既習の語彙や文章を引き出す。(選択肢を選ばせる)
4. 引き出した語彙・文型を使って自分の考えをつづっていくように導く。
5. 未習の語彙は、辞書や使用テキスト、絵本、コンピューター等を使うなどして自主的に探し出すように導く。
6. 指導者は「教える」ことをできるだけ少なくし、子供達からの自発的な言葉を引き出す facilitator に徹する。
7. 指導者は子供達が文章を作る間、机の間を見回り、子供達が書いた内容について質問したり励ましたりして、子供達からより多くの英文を引き出していく。
8. 文法・文型は帰納的に理解させる。
9. 文法・文型の誤りよりも、伝達内容(message)を重要視する。
10. 子供達に「暗記」ではなく、「考える」ことの重要性を認識させる。
11. 1つの課題に対して、子供達が自発的に使用した語彙や文章の定着を図る。

書く学習をいつ始めるべきか

　子供の発達段階やレベルによって差はありますが、大まかに言って、アルファベットを正しくノートに写すことができる年齢になれば、子供達に興味のある課題を提示し、文章を書かせていきます。sight reading ができるようになれば、語彙や表現の選択肢を選びながら自己表現の練習をおこなうことによって、書く指導にスムーズに移行することができます。

　初歩の段階では、コントロールされた選択肢を選びながら、自己表現することを促し、子供達の年齢があがるにつれて、徐々に選択肢の語彙を単語から語句に、長い語句から文章に移行していきます。そして最終的には、全くコントロールされていない語彙や文章を自分で選びながら自己表現をするように指導します。さらに follow-up として、書いたものをクラスの前で口頭発表(oral presentation)させることが望ましいでしょう。

　このように少しずつ継続して、根気よく気長に指導することが大切です。実践編のcreative writing の活動例に「書く活動」を多く紹介してありますので参照してください。

15. 読む活動の指導法（Active reading）

　「読む」という行為は、読むことによってその中に書かれている情報・知識を能動的に得ることです。その意味で、同じ読む行為でも、従来の英語教育でおこなわれていたような、英文を読んで日本語に訳す行為は、「読む行為の前段階」と言えるでしょう。また、「読む」ことは、音読することを目的としたフォニックス（Phonics）の学習の中でおこなう「読む活動」とも異なるので、混同しないように心がける必要があります。日本語に訳す行為もフォニックスで読む行為も、そこに書かれている内容を必ずしも完全に理解しなくてもできることだからです。

　中学生や高校生に英語を教えてみると、ある英文を日本語には訳すことはできても（まさに参考書通りの模範解答が返ってきます）、その内容を実は理解していないことが少なくありません。日本語訳ではなく、内容を要約して伝える課題を出してみると、なかなかできないのが現状です。読んだ内容を本当に理解しているかどうかを確認するためには、得た知識を使って解いていく課題を与えるのが最も有効です。以下は、その実践例です。ここではなぞなぞや算数問題を応用した例を掲げました。

課題例1　　　　　　　　　　　　　　　　　　　学習期間4年（小学校中学年 対象）

Who am I?

I am a cat.

I am a robot.
I don't have ears.
I can fly.
I like *dorayaki*.
I don't like mice.
I have a big pocket.

Answer：ドラえもん

Learning World 3 p. 41より

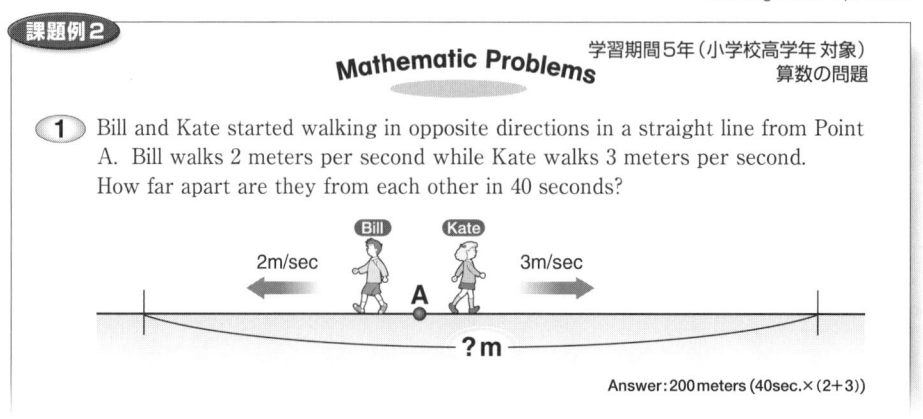

課題例2　　　　　　　　　　　　　　　　　　　学習期間5年（小学校高学年 対象）

Mathematic Problems　　　　　　　　　　　　　算数の問題

① Bill and Kate started walking in opposite directions in a straight line from Point A. Bill walks 2 meters per second while Kate walks 3 meters per second. How far apart are they from each other in 40 seconds?

2m/sec　　Bill　Kate　　3m/sec
　　　　　　　A
　　　　　　?m

Answer：200 meters (40sec.×(2+3))

2 Point A is 600 meters away from Point B. Ann started walking from A toward B at a rate of 3 meters per second and Betty started walking from B toward A at a rate of 2 meters per second. How many seconds will it take them to meet?

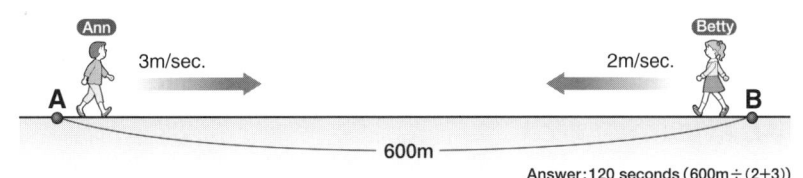

Ann　3m/sec.　　　2m/sec.　Betty
A━━━━━━━━━━━━━━━━━━━━━B
　　　　　　600m

Answer: 120 seconds (600m ÷ (2+3))

3 A train runs through a tunnel. We cannot see the train for 15 seconds. The length of the tunnel is 400 meters. The length of the train is 100 meters. How fast does this train run per second?

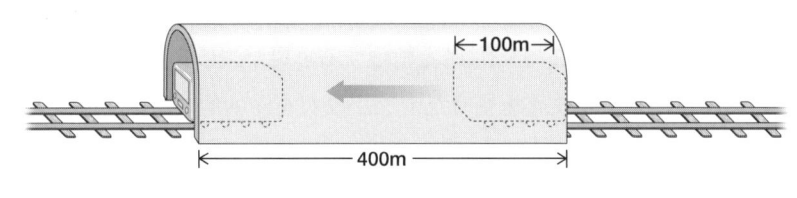

←100m→
←―― 400m ――→

Answer: 20 meters/second ((400−100) ÷ 15 sec.)

「読む活動」の例は第1章 p.12 及び本書の「実践編」の活動C、Dに **6**「読むことを中心とした活動」として紹介してありますので参照してください。

「読む」活動における指導上の留意点

1 子供達の目線に合った興味の持てる題材や内容を選ぶ。

2 子供達の好奇心、想像力を高める内容を選ぶ。

3 初歩の段階では、既習の語彙で構成された物語を選ぶ。

4 語彙・文型の難易度を考慮に入れて書かれたものを選ぶ。

5 新出の語彙は、文脈（context）の中で理解できるように指導する。

6 日本語に訳さずに、絵を描きやすいノンフィクションを選ぶ。

7 日本語に訳さずに、動作（行動）につながるものを選ぶ。

8 フォニックスを学習した後、フォニックスのルールに従った物語を読むように指導する。（音読から内容把握への移行をスムーズにします）

9 読んだ後、要約してその内容を人に伝える活動や、書かれたことに対して自分の意見を発表する活動につなげる。（筆者は、読んだ後の要約は日本語または英語でおこないます）

16. 児童英語教育における文法・文型事項（Structures）

　公立小学校への英語教育導入においては文法・文型指導は敬遠され、文字指導までがタブー視されています。しかし、英語教育を楽しいだけのものに終わらせずに、コミュニケーションの手段として身に付けさせたいと考えた場合、やはり文字指導や文法・文型指導は避けられないものです。

　幼児・児童英語教育において、その入門期の指導法については多くの研究がなされており、finger playを伴う歌や動作を伴う歌、楽しいチャンツやゲームなどの活動も多く発表されていますが、オーセンティック（authentic）、つまり現実味のある場面で英語をシャワーのように浴びてきた子供達も学習期間が長くなり、年齢も小学校高学年に達すると、既習の英文の文法・文型をきちんと整理する必要が生じます。この年齢では耳から聞いた英語だけでなく、文字を見せたり文法・文型を帰納的に確認させることによって、英語の理解や定着を促進したり、既習の文法を応用して自己表現をすることが可能になります。しかし従来の中学や高校の文法の学習では、「使える英語」を身に付けることはなかなか難しいでしょう。自分の表現したいことをより詳しく、より明確に相手に伝えるための文法・文型学習であるべきです。

　文法・文型事項の指導は、次のような順序を踏んでください。

文法・文型事項の指導の順序

❶ 導入の対話を紹介
　まず目標となる文法・文型が含まれる文章を使った対話（dialogue）をする

❷ アクティビティで英語を使う　※❷はテキストの紙面には現われません。
　ターゲットの文法・文型を使ったinformation gapのある活動をおこなう

❸ チャンツや歌を復唱
　文脈のあるチャンツを使って目標となる文法・文型を定着させる

❹ 文法を解説
　子供達が理解しやすい方法で文法・文型構造を理解させる

❺ パターン・プラクティス（pattern practice）
　定型文を口頭または書くことによって練習する

❻ 自分のことを書く練習（creative writing）
　目標となる文法・文型を使って自分のことを書く

❼ クラスの前で発表
　書いた文章を、大きな声でクラスのみんなの前で発表させる

児童英語教育のキーワード

　この順序で教えると、先に述べた「英語を使うための英文法を身に付ける」ことができます。左記の❶〜❼を踏まえた例として1つのサンプルを示しておきます。

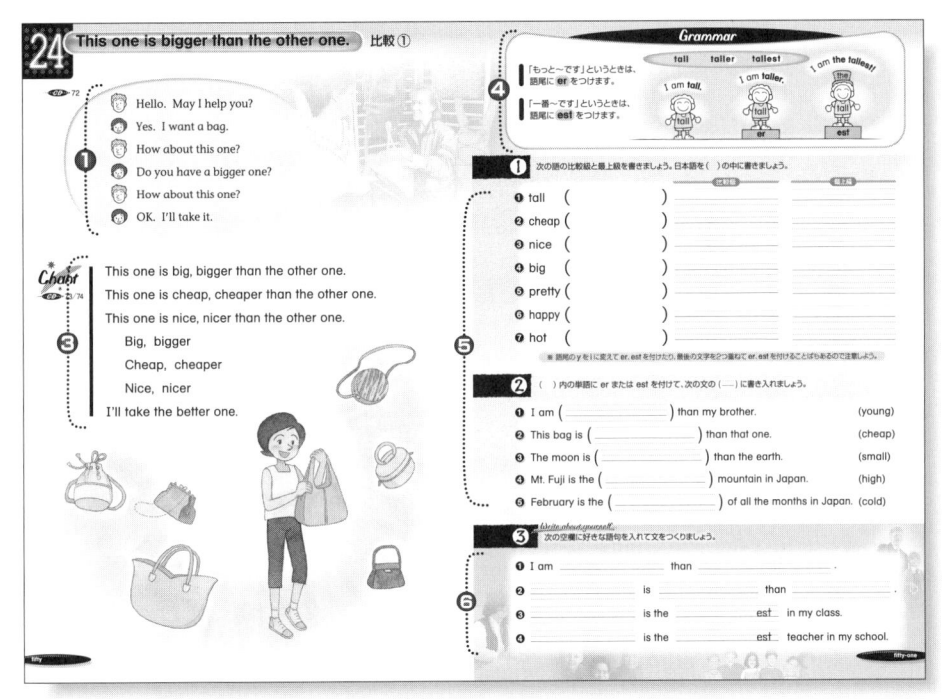

CHANTS for Grammar pp.50-51より

児童英語教育における文法・文型事項の指導上の留意点

1. 文法・文型を体系的に教えるのは、学習期間4−5年で、すでに多くの文型を歌やチャンツ、ゲームを通して学んでいる子供達を対象とする。
2. あくまでも既習の英文を整理するための目的でおこない、文法・文型を帰納的に教える。
3. 文法用語は使わない。
4. 書き換え練習をしない。
5. ターゲットの文法・文型を現実性のある、「使える」文脈の中で紹介する。
6. ターゲットの文法・文型をその機能や使われる場面と一緒に教える。
7. ターゲットの文法・文型をチャンツや歌で繰り返し練習することによって、文脈の中で暗記できるようにする。
8. 文法・文型の解説は子供達の目線に合ったレベルでおこなう。
9. ターゲットの文法・文型を使ったインフォメーション・ギャップのある活動をおこなう。
10. pattern practiceを十分におこなう。
11. ターゲットの文法・文型を使った自己表現活動（creative writing-oral presentation）で完結させる。

17. 評価（Evaluation）

　評価、テストという言葉を聞くだけで、嫌な思いをするのは子供だけではありません。テストという言葉や、その結果、点数に対する子供達の過剰反応に驚くことがしばしばあります。どうも日本の子供達は「評価、テスト」＝「人と比べられる」ことだと信じ込んでいる（信じ込まされている）ところがあるようです。テストを返却された時も、自分が間違った原因を反省するのではなく、点数や順位の方に意識が偏ってしまいがちです。

　しかし、児童英語教育はあくまで「言語」の教育であり、英語の知識や音の識別能力、リスニング能力など測定可能なもの以外に、自己表現力、コミュニケーション能力、自尊心、異文化許容など測定の難しい要素が多いので、その評価には注意が必要です。

　言葉は元来、1人1人の答えや考えが異なって当然であるため、順位をつけるような相対評価では言語教育は成立しにくいと考えるのが自然ではないでしょうか。ましてや、早期に英語嫌いを作り出すような評価は絶対に避けるべきです。

　では、なぜ評価をするのでしょう。評価の利点はどこにあるでしょうか。評価の対象は学習者の学力のみではありません。指導者の指導計画、クラスの指導方法が満足のいくものであったかを探るのも評価の重要な要素です。また、子供1人1人の評価をおこなうことによって、個人に応じた教育がなされているか、教材、カリキュラムは個人の能力に適切か否かを判断することができます。

適切な評価をおこなうための指導者の基本姿勢

1. 子供達の従来の学業成績にかかわらず、彼らの現実のあり方を認め、受け入れ、信頼すること。
2. 子供達に教科学習における諸目標、それらの達成のための課題を前もって提示し、子供達自身にこれらの達成の責任を持たせること。
3. テストの結果について、ポジティブなフィードバックを与えること。
4. 子供達それぞれの能力に合ったゴールを設定し、自己内評価をおこなうこと。
5. 「評価基準」に偏りがなく、信頼性があること。
6. 子供達が自分自身の理解度を客観的に把握できる評価方法を使うこと。
7. テストの点数は合否を決めるためのものではなく、個々の到達度を判断する基準として位置づけること。
8. 自己の学習に責任を持たせ、自己学習能力を育てる評価法を使うこと。

以上のように、評価は子供達に学習到達の自己責任を認識させ、次への動機づけになるものでなくてはなりません。それには指導者の意識、つまり、「評価の目的は、子供達を批判したり比べたりするのではなく、1人1人がより成長するための手段である」ことをしっかりと認識しなければなりません。

ここで児童英語教育における評価法の例（学習歴5年）の一部を紹介します。子供達は、各学期または学年の終わりに自分が学習し、習得したものを発表することによって到達度を確認します。また、できたものに色をぬったりシールを貼ることができるので、視覚的にも自分の習熟度を把握でき、全部できた時の達成感を味わうと共に、自己の学習の責任を子供に持たせることができます。課題の難易度（下記のチャートの__の部分）は、個々の学習者の能力を考慮に入れて指導者が決定するとよいでしょう。

学習歴5年の評価（一部抜粋）

どれだけできたか確認しよう。
Achievement Target

先生は到達目標の数字をクラスのレベルに合わせて____に書き入れてください。　Decide on the number of achievements according to the level of your students.

1 テキストのNo.1-12のチャンツのうち、____個のチャンツを大きな声で暗誦できます。　No. 1 2 3 4 5 6 7 8 9 10 11 12
Able to recite ___ chants out of chants No. 1-12 in the textbook.

2 先生が見せる12個の単語のうち、____個の単語の複数形が言えます。
Able to say ___ words in their plural form out of the twelve my teacher shows.

3 This is a ..., That is a ..., These are ... ...s, Those are ... ...s を使って教室内にあるものを英語で説明できます。
Able to describe objects in the classroom using "This is a ..." "These are ... ...s" and "Those are ... ...s."

4 I have ... in my bag. を使って自分のカバンに入っているものを____個、英語で言えます。
Able to say ___ things in my bag using "I have ... in my bag."

5 今日の日にち、曜日、天気を英語で言うことができます。　Able to say today's date, the day and weather.

6 テキストのNo.13-25のチャンツのうち、____個のチャンツを大きな声で暗誦できます。　No. 13 14 15 16 17 18 19 20 21 22 23 24 25
Able to recite ___ chants out of chants No. 13-25 in the textbook.

7 命令形〔否定命令形〕を使って先生に____個命令することができます。（Pleaseをつけて）
Able to give ___ commands to my teacher using the imperative form and 'Please'.

8 友達を1人選び、その友達を____個以上の文章を使ってみんなに紹介することができます。
Able to introduce a friend with more than ___ sentences.

9 形容詞を使って____個、文章が言えます。　Able to make ___ sentences using adjectives.

10 昨夜の午後9時に何をしていたかを英語で言えます。　Able to say what I did last night at nine o'clock.

CHANTS for Grammar（第3刷）p.72より

18. 国際（理解）教育（Global education）

　1、2章で述べたように筆者は国際（理解）教育を、「異文化理解教育」「開発教育（自然環境教育、人権教育、平和教育）」、「ボランティア精神の育成」「自己の確立（自尊心教育）」の4つの総合教育と考えています。これらは英語教育を通して国際コミュニケーション能力を育成するために不可欠な要因といえるでしょう。しかし、「国際（理解）教育」＝「英語教育」とすることには多くの疑問が残ります。重複になるのでここでは省きますが、詳しくは1章「児童英語教育に含むべき三要素」および2章「英語教育と国際コミュニケーション能力の育成」の「国際（理解）教育からの考察」の項を参照してください。

3章 引用・参考文献

- 中本幹子（2001）『キッズ英語絵本シリーズVol.2 A Beautiful Butterfly』（アプリコット）
- 中本幹子（1999）『We are Japanese やねん』（アプリコット）
- 松香洋子（1981）『英語好きですか』（読売新聞社）
- 白畑知彦・冨田祐一・村野井 仁・若林茂則（1999）『英語教育用語辞典』（大修館書店）
- James, W.（1890）Principles of psychology. New York: Holt.
- Rosenberg, M.（1965）Society and adolescent self-image. Princeton: Princeton University Press.
- Heyde, A.（1979）The Relationship between Self-esteem and the Oral Production of a Second Language. Unpublished doctoral dissertation, University of Michigan.
- Christensen, C. B.（1975）Achieving Language Competence with Affective Learning Activities. Foreign Language Annals, pp.211-219.
- Galyean, B.（1977）A Confluent Design for Language Teaching. TESOL Quarterly, Vol.11, No.2, June.
- Moskowitz, G.（1981）Effects of Humanistic Techniques on Attitude, Cohesiveness, and Self-Concept of Foreign Language Students. Modern Language Journal 65, pp.149-157.
- 加賀田哲也（2000）「Humanistic Approachの考え方と進め方－学生の学習意欲を掘り起こす授業を求めて」（英語授業研究学会第96回例会）
- 加賀田哲也（2001）「学習者の情意表出を促す指導の試み-授業過程に関する一提案」
- 中本幹子（1998）『Learning World for Tomorrow』テキスト（アプリコット）p.29
- 遠藤辰雄・井上祥治・蘭 千壽編（1992）『セルフ・エスティームの心理学』（ナカニシヤ出版）p.27
- 中本幹子（1995）『Learning World 3』テキスト（アプリコット）p.41
- 中本幹子（2001）『CHANTS for Grammar』テキスト（アプリコット）pp.50-51
- 中本幹子（2003）『CHANTS for Grammar』テキスト第3刷（アプリコット）p.72

第4章

国際コミュニケーション能力を育てる指導者のあり方

本章は、国際コミュニケーション能力を育てるために、英語の技術や知識だけではなく、基本的に指導者が知っておかなければならないこと、心がけたいこと、子供達との接し方を「指導者の基本姿勢」「self-esteemを高める教育指導」等、心理学の見地を取り入れて記しました。

1. クラス運営と指導者の資質　　　　78-80
　　　教室の環境 ……………………………………… 78
　　　指導者に必要な要素 …………………………… 79
　　　APPENDIX ● ピグマリオン効果 …………………… 80

2. self-esteem（自尊感情）を高める教育指導　81-83
　　　指導者の基本姿勢 ……………………………… 82
　　　指導者が心がけるべきこと …………………… 82

1 クラス運営と指導者の資質

　英語を初めて習う子供達は、たいてい好奇心でいっぱいです。最初のこの純粋な好奇心を「学ぶ楽しさ」に変えていくのが指導者の役割といえます。子供達には大人のように「英語を習得することによって成績が上がる」、あるいは「より良い仕事に就ける」などの具体的な動機づけがありません。「今日は、***の文型を学習するから、ある特定の場面を仮定してその中のダイアログを覚えなければならない」といった想像力もありません。相手が「子供」であるがゆえに、指導者は授業でおこなう1つ1つのアクティビティを楽しいものにしなければならないのです。さらに、幼児の場合は集中力が短いので、次々といろいろな歌、チャンツ、ゲーム、身体を動かす活動を紹介していく必要があります。

　繰り返し言うように英語は言語です。指導者側から一方的に教える割合を50％とすると、残りの50％は、それを使って指導者や子供同士が考えを交換（exchange）する場でなければなりません。指導者と子供達、または子供達同士がお互いに心を開くことができる環境を作ることが非常に大切です。

教室の環境

　一般に、「英会話教室」と呼ばれる学校では、幼児クラスで8–10人、小学生クラスで、10–15人くらいのグループで教えているところが大半です。私立小学校の場合、1クラス40人、または、40人を2つのグループに分けて20人ずつで教えていることが多いでしょう。公立小学校における英語学習も1クラス25–35人単位で教えることが多いでしょう。

　1クラスの生徒数は、理想的には指導者の目が届き、子供からの発話も十分見込めることを想定し、10人前後がベストです。指導者はできるだけ子供達と目の高さを同じにし、「一緒に話す」という雰囲気を大切にしてください。机の並べ方も、学校でよく見られるように講義を聴く形ではなく、コの字型、あるいは扇形に並べ、指導者から子供達が等間隔の位置になるようにします。

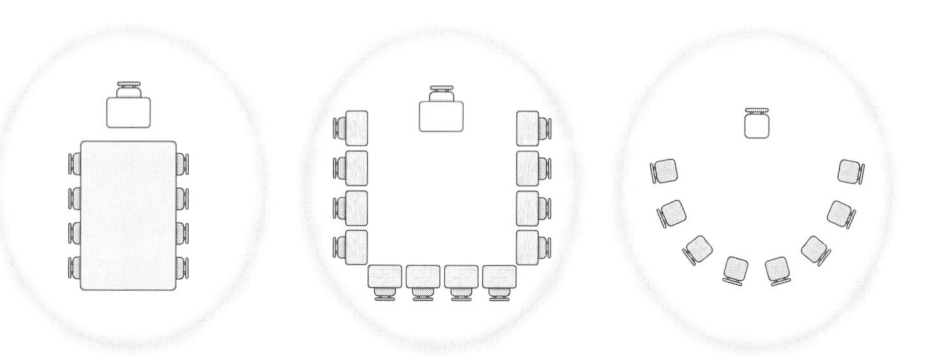

幼児の場合は床の上（カーペット）に座るか、幼児用のいすに座らせて、作業用の机を別に用意するとよいでしょう。指導者が座って話すと、子供達と目の高さが同じになり、「教える」「教えられている」という関係が薄くなって、子供達の心を開きやすくなります。

　次に「どの子供を、どこに座らせるか」ですが、子供達が教室に入る前に、英語で書かれた子供達の名前カードを机の上に置いておくのも一案です。発話が少ない子供、消極的な子供、注意力が散漫な子供を、指導者の目の届く距離に座らせておくことができます。

　子供達が教室に入ってから、「あなたはうるさいから前に来なさい」または「あなたは、あまり話さないから前に来なさい」などと言うと、子供達との信頼関係がそこなわれてしまいます。英語で書かれた自分の名前カードを探して座るのは、一種のゲームのようで、自分の名前も英語で読めるようになるので一石二鳥です。

　教室の中には、カラフルなアルファベットチャート、カラーチャート、曜日のチャートなどを見映えよく貼って、英語の楽しい雰囲気を作りましょう。世界地図や地球儀、いろいろな国の子供達の写真を貼ることで、子供達の好奇心を刺激することができます。また掲示板（ブリテンボード）を作り、季節ごとに各国のお祭りや行事を掲示しても楽しいでしょう。

指導者に必要な要素

　指導者は、まず子供達との信頼関係を築き上げなければなりません。指導者の使命を一言で言えば、「子供に信頼され、尊敬されることによって、子供1人1人の潜在的能力と創造性を引き出す」ことです。

　では、どうすれば信頼され、尊敬されるようになるでしょうか。それには大きく分けて2つの柱があります。第一番目は当然のことながら**専門的知識**です。言語とその背景にある文化の知識をしっかりと持ち、それを運用できる英語力を持つことです。人に何かを「教える」には、常に自らが新しい知識、より深い知識を身に付けるように心がける必要があります。教授法についても正しい知識を身に付けるべきです。

　しかし、教え方の技術の知識だけでは子供達はついてこないでしょう。大切なのは、二番目の柱である**指導者の人格的特性**です。子供達に対する愛情と、学んでほしいという情熱です。そのためには、子供の行動や反応に対する感受性を常に研ぎ澄ましておく必要があります。指導者自身の向上心、肯定思考、積極的な生き方が子供達の学習向上の一番の動機づけになるでしょう。

英語嫌いの中学生や、高校生にその理由を聞きますと、「先生が嫌いだから」という返事が返ってくることが少なくありません。同じ言葉でも、好きな人から言われるのと、嫌いな人から言われるのとでは、聞き手へのアピール度がまったく違います。好きな人、信頼関係のある相手から言われたことには素直になれますし、その言葉自体、とても重要なものになります。

　ではどうすれば子供達との信頼関係が結ばれるでしょうか。子供達は、実によく大人を観察しています。その人が表面的に接しているのか、本当に心の底から自分のことを思っているのかを見抜く力は、大人以上かもしれません。

APPENDIX

ピグマリオン効果（Rosenthal, R. & Jacobson, L., 1968）

　指導者が子供達に肯定的な期待を与えることが子供の性格や能力に大きな影響を及ぼすことが心理学の研究の中の「ピグマリオン効果」として知られています。

実験

> 　R.ローゼンサールとヤコブソン（Rosenthal, R.&Jacobson, L., 1968）は、小学校の各学年の児童の中から無作為に約2割の児童を選び出し、「これらの児童は将来有望である」という情報を受け持ちの教師に与えました。約1年後の調査で、「将来有望である」とされた児童は、根拠のない情報であったにもかかわらず、他の児童と比べて知的能力が伸びていました。この傾向は小学校低学年の児童に特に顕著に見られました。

　この結果は、教師が児童に対して密かに抱く期待や願いが伝わり、児童に学習意欲や自信を持たせたことによると解釈されました。

　この研究で、指導者の期待は子供達への言動に無意識に現れ、子供達の能力に影響を与えることが示唆されました。

　さらに、ブロフィーとグッド（Brophy, J. E. & Good. T. L., 1974）は、指導者が期待している子供はそうでない子供よりもほめられる回数が多く、行動を批判されることが少なく、肯定的に受け入れられるという教師の好意的な接し方によってこの効果が生じることを見出しています。

　英語の授業においてもその教育効果を高めるためには、指導者が1人1人の子供に好意的な期待を持って接することが重要であると考えられます。

　ピグマリオン効果と指導者の態度をさらに詳しく言及したブロフィーとグッドの指摘を私達は常に心に留めておく必要があるでしょう。

2 self-esteem（自尊感情）を高める教育指導

3章でも述べたように、指導者が子供に接する時に重要な要素として、self-esteem（自尊感情）を高める教育的指導があげられます。self-esteem（自尊感情）を形成することが人間の社会適応行動や建設的な行動を促進しやすくなることはすでに知られています。パーキー（Purkey, W. W., 1970）は学業成績に及ぼす子供達の自尊感情について「肯定的な自己イメージを持つことが、高い学習能力や学業達成への期待を導きやすい」としています。

これと同じ立場で、クーパースミスとフェルドマン（Coopersmith, S & Feldman, R., 1974）は「ポジティブな自己概念（self-concept）を育成することが高い自尊感情（self-esteem）を形成させることになる」とし、この考えに基づいて教育指導のあり方を説いています。

それによると、「学校において子供の自己概念は学習の成功経験に基づいて確立される」ものであり、「指導者は子供達に学業を達成させる機会を多く与え、子供達が経験したことを肯定的に解釈させる」ことが重要であるとしました。

self-esteemを高める教育指導のあり方は、以下のようにまとめることができます。

1 指導者は、子供達それぞれに学習達成の機会を多く与えるために、広範囲にわたるやさしい（または難しい）学習課題を設定すること

2 指導者は、学習課題を成功することによって子供達自身に能力があることに気づかせ、彼らの経験を肯定的に解釈してあげること

3 指導者は子供達に学習達成を、単なる運や課題の困難さ等の外的な要因よりも、彼ら自身の能力や努力等の内的要因に帰属させるように導くこと

4 指導者は、これらの過程を通して、子供達に学業達成に対する自信を持たせ、自分自身を肯定的に受容させること

5 さらに他の職業的、精神的、社会的、身体的な自己概念を啓発し、それを高めるような多岐にわたる課題を設定し、その達成機会を多く与えること

6 指導者は、他との比較で子供を評価するのではなく、子供の自己内の進歩、達成の度合いによる評価をすること

7 子供自身に学習と進歩に対する責任を持たせること

（Coopersmith, S., & Feldman, R., 1974；蘭 千壽, 1992；中本幹子, 1999）

指導者の基本姿勢

　子供達に「自分に対して肯定的な認識」を持たせることが、教育指導において重要であることは心理学の分析からも間違いありません。実際にself-esteemを高めるために指導者側が持つべき基本姿勢は次のようになります。

1　子供達の学業成績にかかわらず、子供達の現実のあり方を認め、受け入れ、信頼する
2　子供達に教科学習や生活活動における諸目標、それらを達成させるための課題、役割および手順などを選択させ、子供達自身にこれらを達成する責任を持たせる
3　子供達の課題達成の可能性について、期待を持って指導する
4　子供達同士を競争させるのではなく、共同学習、グループ学習の機会を多くする
5　間違いが許されるクラスの雰囲気作りをする
6　子供達それぞれの能力に合ったゴールを設定する
7　指導者から前向きなフィードバックを与える
8　教育の結果を長い期間で見る　　　　（**1 2 3**は『セルフ・エスティームの心理学』p.203より抜粋）

指導者が心がけるべきこと

　これらを踏まえ、指導者が子供達と接する際に心がけるべきことをまとめると、次のようになります。

　第一に、指導者は、まず大人としての権威を持つことが大切です。子供達がしてはいけないこと、しなければならないことを感情的ではなく、大人の威厳と愛情を持って躾けられる指導者を、子供達も信頼するようになります。子供に媚びる指導者は、友達先生のようで楽しいかもしれませんが、プロの指導者とは言えないでしょう。

　第二に、子供達1人1人に関心を示しましょう。だれでも、自分のことを大切に思ってほしいし、大切に思ってくれる相手は好きになります。子供達の話を聞き、1人1人の生活に関心を持ち、大切にしましょう。

　第三に、分け隔てなく子供達と接しましょう。学業成績にかかわらず、子供達の現実のあり方を認め、受け入れましょう。人と比べるのではなく、子供達1人1人の長所と自己内成長を尊重しましょう。

　第四に、暖かい励ましの言葉をかけましょう。encourageという言葉は、海外で出版された指導書にはたくさん出てきますが、残念ながら日本の指導書には少ない言葉です。「覚えなさい」「勉強しなさい」ではなく「覚えられるからがんばろうね」「考えてみようよ」といった励ましが、一番の動機づけになります。

第五に、子供を信頼しましょう。大人でも子供でも信頼され、責任を与えられることが大きな動機づけになります。信頼と責任と自由を幼い時からしっかりと身に付けさせ、「お母さんや先生の言葉ではなく、自分の言葉で考える子供、話せる子供」に、優秀な学生が多いのです。

　第六に、子供達自身に学習に対する責任を持たせましょう。子供達と共に学習や生活活動における諸々の目標を設定し、その目標を達成する責任と喜びを与えましょう。

　第七に、違いを認め合うクラスの雰囲気を作りましょう。子供達が互いを尊重しあえる雰囲気を作ることによって、子供達が自由に意見を言えるようになります。「答えは1つではない」「考えは1人1人違っていて当然である」ことを、しっかりと子供達に浸透させましょう。

　第八に、子供との約束は必ず守りましょう。子供達は「先生との約束」をとても大事に思っています。どんなに小さな約束でも必ずメモを取る習慣をつけてください。

　第九に、機械類はすぐに使えるようにしましょう。CDプレイヤー、コンピューター、OHPなど英語の授業ではたくさんの機械類を使います。使い方を把握するのはもちろんのこと、機械の調子を事前に確認するようにしましょう。授業で機械類が作動しないのは、先に使った指導者や機械のせいではなく、その時に使う指導者の責任です。

　子供達の中には理解するのが早い子供、遅い子供、暗誦が得意な子供、不得意な子供、行儀のよい子供、悪い子供、指導者の前でだけは優等生のふりをする子供など、指導者にとって、いわゆる扱いやすい子供もいれば、扱いにくい子供もいます。時には他の子供と比べて叱ったり、「この子さえいなければ授業がもっとスムーズに運ぶのに」とさえ考えてしまうこともあるでしょう。子供達はそんな指導者の感情を表面に出していないつもりでも、敏感に察知します。実は、指導者のそんな感情が子供達同士のいじめの要因になることも少なくありません。また、無意識に発した指導者の一言が予想外に影響を及ぼして、勉強嫌いの子供が勉強するようになったり、その逆も起こりうるのです。「指導者の子供達に対する肯定的な期待が子供の成績をあげる」としたピグマリオン効果はよく知られています（p.80参照）。

　指導者の役割が子供達に重要な影響を及ぼすことは、どんな科目でも変わりありませんが、内面の表出である「言葉」を扱う指導者の態度が学習結果に、より多くの影響を及ぼすことは言うまでもありません。

2章 引用・参考文献

- 寺澤芳男(1997)『英語オンチが国を亡ぼす』(東洋経済新報社) pp.52-62
- 河合隼雄(1995)『日本人とアイデンティティ —心理療法家の着想—』(講談社＋α文庫) p.23
- 髙橋順一(1991)「12章 国際会議にみる日本人の異文化交渉」髙橋順一・中山 治・御堂岡 潔・渡辺文夫編『異文化へのストラテジー』(川島書店) p.196
- 髙橋純平(1994)「序章 コミュニケーションと今日の生活」髙橋純平・藤田綾子編『コミュニケーションとこれからの社会』(ナカニシヤ出版) p.8
- 三浦清進(1991)「8章 言語と会話のストラテジー—英語学習との関連から—」髙橋順一・中山 治・御堂岡 潔・渡辺文夫編『異文化へのストラテジー』(川島書店) p.116
- 井上善夫(1994)「第9章 話しことばと効果的コミュニケーション」髙橋純平・藤田綾子編『コミュニケーションとこれからの社会』(ナカニシヤ出版)
- 霜崎 實(1997)「第2章 磁界発生装置としての英語教育」鈴木佑治・吉田研作・霜崎 實・田中茂範『コミュニケーションとしての英語教育論』(アルク) pp.143-144
- J.V.ネウストプニー(1982)『外国人とのコミュニケーション』(岩波新書)
- Hymes, D. (1970) On communicative competence. In Grumperz, J. & D. Hymes. (Eds.), Directions in sociolinguistic. New York: Holt, Rinehart & Winston.
- Canale, M. & Swain, M. (1980) Theoretical bases of communicative approaches to second language teaching and testing. Applied Linguistics, 1:1-47
- Bachman, L. (1990) Fundamental considerations in language testing. Oxford: Oxford University Press.
- 白畑知彦・冨田祐一・村野井 仁・若林茂則(1999)『英語教育用語辞典』(大修館書店) p.138
- 大津和子(1997)「2 共生をすすめる国際理解教育」米田伸次・大津和子・田渕五十生・藤原孝章・田中義信『テキスト国際理解』(国土社) pp.14-26
- 大津和子(1992)『国際理解教育』(国土社) pp.153-158
- 日本ユネスコ国内委員会編(1982)『国際理解教育の手引き』(東京法令出版) pp.11-13
- 東京都立教育研究所(1992)「国際化に対応する教育—国際理解教育を推進するコース別指導目標(試案)」(東京都立教育研究所紀要36号)
- Sternberg, R. J. (1985) Beyond IQ: A triarchic theory of human intelligence. New York: Cambridge University Press.

4章 引用・参考文献

- 遠藤辰雄・井上祥治・蘭 千壽編(1992)『セルフ・エスティームの心理学』(ナカニシヤ出版) pp.201, 203
- 佐治守夫・水島恵一編(1974)『臨床心理学の基礎知識』(有斐閣ブックス) pp.201-202
- 杉村 健編(1992)『教育心理学』(小林出版) p.45
- Purkey, W. W. (1970) Self-concept and school achievement. Englewood Cliffs: Prentice Hall.
- Coopersmith, S. & Feldman, R. (1974) Festering a positive self-concept and high self esteem in the classroom. In R.H. Coop & K. White (eds.). Psychological concept in the classroom. New York: Harper & Row. pp.192-225
- 中本幹子(2001)「児童英語教育の中のセルフエスティーム(自尊感情) セルフエスティームを高めるための授業の試み」(JASTEC研究紀要 第20号)

chapter 5

第5章

国際コミュニケーション能力を育てるレッスンプランの立て方

本章では、年間のカリキュラムに沿って実際にレッスンプランを立てる上で重要な授業の一連の流れを図解で示し、それぞれのレッスンにおける目的、具体例等をわかりやすく示しました。またレッスンプラン作成時に気をつけたい留意点を記しましたので実践時にチェックしてください。

1. 国際コミュニケーション能力を育てる 86–87
　　カリキュラムの実際

2. 国際コミュニケーション能力を育てる 88
　　レッスンプランの作成

3. 児童英語教育におけるレッスンプランの流れ　　89–94
　　① Warm up ··· 90
　　② Review ·· 92
　　③ Situational Activity ·· 92–93
　　④ Practice of the Target Sentences ··············· 93
　　　　through Songs/Chants
　　⑤ Individual Work ·· 93
　　⑥ Oral Presentation ··· 94
　　⑦ Follow up & Drill ·· 94
　　⑧ Closing ·· 94

4. レッスンプラン作成上の留意点 ························· 95

1 国際コミュニケーション能力を育てるカリキュラムの実際

　カリキュラム（→3章p.66）を作成するにあたっては、まず、英語教育の目標、目的を明確に定めます（本書の場合は「英語を武器にできる子供達を育てる」が目標となります）。目標が決定したら、先述したように児童英語教育の「音声教育」「発話教育」「国際（理解）教育」の三要素（→1章p.18）をバランスよくカバーし、子供達の年齢別の発達段階（→1章p.14）に応じて、テーマ、題材、言語材料、コミュニケーション能力育成の材料、指導法などを選んでいきます。

　具体的には、幼児からの学習期間を数段に区切り、それぞれの段階をさらに数個（月や学期ごとが多い）に分けて題材（topics）を定め、その題材に対する言語目標（linguistic focus）として、語彙（words）、形（form）、機能（functions）、コミュニケーション能力育成目標（communication focus）を定めます。また、国際（理解）教育の目標を別に作っている場合も見られます。

　公立小学校に英語教育が導入されて以来、多くの先生によってさまざまなカリキュラムが作成されていますので、現場の先生方の参考になるでしょう。しかし現実には開始年齢や授業時間数が学校によって大幅に異なり、年間で数回しか授業がおこなわれない学校もあれば、年間40回の授業をおこなう学校もあるようです。教える先生もさまざまで、その学校の担任の先生、民間でも教えている英語教師、外国人の先生など都道府県、各市町村によってまるで異なっていて、指導計画の立て方自体も実は暗中模索といったところでしょう。

　民間の英語教室の場合は事態はもっと複雑です。「学年」で仕切ることのできる学校教育と違い、幼児期に英語を始める子供から小学校6年生で英語を始める子供まで、開始年齢がまちまちであるために、たとえば3歳で英語を始めた子供がいるとすると小学校6年生の中には「3歳で始めて9年間の英語歴を持つ子供」から、「今年始めた6年生」まで、実に9通りの生徒がいることになるわけです。その上、1年間の授業回数も教室によって異なるので長期にわたる1つのカリキュラムを作ることは非常に複雑で困難な作業になります。どんなに素晴らしいカリキュラムでも、現在のところ教育現場では応用の難しい「絵に描いた餅」になってしまっているケースが多いようです。

本書ではこれらの諸事情から、年齢（学年）のみで分類するのではなく、1回の授業時間を**40～60分**、**レッスン60回を1区分**として、A, B, C, Dのレベルに分けてカリキュラムを作成しました。カリキュラムBについては、小学校高学年（小学校4年生以上）を考慮して、**1区分70回**としています。各カリキュラムの学習対象は次の通りです。

カリキュラムA	4歳－小学校3年生まで、レッスン回数が1－60までの子供達が対象です。 例） 英語を初めて学習する子供達は60回分のレッスン終了後、あるいは小学校4年生になるとカリキュラムBにうつります。
カリキュラムB	カリキュラムAの60レッスンを終了した子供達と、小学校4年生以上の子供達が対象です。 例） 小学校4年生で、年間20回レッスンの場合、小学校卒業までにカリキュラムBを終了します。
カリキュラムC	カリキュラムBを終了した子供達と、レッスン回数120回を終了した子供達が対象です。 例） 4歳で始めた子供達はレッスン回数121－180回の間（年間30回レッスン、学習歴4－6年間の子供が対象で、学年でいえば小学校3－4年生時）に受けるカリキュラムです。小学校4年生で初めて年間35回のレッスンを受けた子供なら、6年生時に受けることになります。
カリキュラムD	カリキュラムCを終了した子供達が対象です。 例） 4歳で始めて年間30回のレッスンを受けた子供達が小学校5－6年生時に受けるカリキュラムです。

　上記の分類は非常に複雑に見えますが、この複雑さを理解し、克服しなければ現在の日本における児童英語教育の真のカリキュラムは作れません。数年後に英語教育が制度化し、それが定着すれば個々のカリキュラムも簡素化することができるでしょう。先に進むことを目標とせずに、全員が理解し、自分に自信を持って表現できるようになることを目標として、スパイラルにゆっくりと無理のないカリキュラムを各レベルごとに作成することが大切です。本書における各カリキュラムの目標レベルは、第2巻、第3巻の「実践編」の冒頭に記載してあります。

2 国際コミュニケーション能力を育てるレッスンプランの作成

　大きな指導計画（カリキュラム）が決まれば、それに沿って1回ごとのレッスンプランを立てることになります。小学校の場合は週に1回、45分程度の授業がほとんどで、中学校に比べて授業数（時間）が少ないので、明確に各レッスンの目標を定め、その目標を遂行するために効率よくレッスンを運ぶ必要があります。

　まず、レッスンの目標を1つか2つ書き出してみます。その際、「言語目標」と「コミュニケーション能力育成目標」を設定してください。言語目標だけを定めたレッスンでは、英語を実際に使えるようにならないことは本書で幾度となく述べてきました。

　コミュニケーション能力は、通常、発音や語彙を含む文法的能力も含むと解釈されていますが、日本の英語教育が前者の「言語目標」をあまりに偏重してきた経緯を踏まえて、各レッスンプランは発音・語彙を含む「言語目標」とそれ以外の能力を高める「コミュニケーション能力育成目標」の両者を常に取り入れた活動を中心に構築してください。

　各レッスンの本体は、子供達が「実際の場面で英語を使う活動」です。活動の中で、目標の語彙や構文をコミュニケーションの手段として十分使った後に、それらの語彙や文型・文法の定着を図るための歌やチャンツ、ダイアログなどを教えます。発話のための活動と、定着のための活動を混同しないように注意しましょう。

❸ 児童英語教育におけるレッスンプランの流れ

1つのレッスンの流れは、基本的に次のようになります。

1. Warm up
既習の言語材料を使って子供達とコミュニケーションをおこなう

2. Review
子供達に既習の歌やチャンツを選ばせ、復習する

3. Situational Activity
実際の場面で英語を「使う」活動をおこなう

4. Practice of the Target Sentences through Songs / Chants
歌・チャンツ等によってターゲットの語彙・文章の定着を図る

5. Individual Work
ターゲットの語彙や文章を使った自己表現活動をおこなう

6. Oral Presentation
5. でまとめた自分の考えを口頭で発表する

7. Follow up & Drill
定着をより深めるための活動やドリル（練習）をおこなう

8. Closing
歌・チャンツの暗誦を目的とする宿題の提示と、終わりの挨拶をする

1. Warm up → 2. Review → 3. Situational Activity → 4. Practice of the Target Sentences through Songs / Chants

1 Warm up

　既習の言語材料を使って子供達とコミュニケーションをとります。日本語の世界から英語の世界へとスムーズに移行させるために、できるだけ自然に既習の語彙・文型を使って、子供の実生活の中からそれぞれの時期に合ったテーマで質問をしてください。例をいくつかあげてみましょう。

例1 運動会が近い時

　T: When is your school's sports festival?
　　 Did you have to go to school early this morning?
　　 What time did you get up this morning?
　　 Wow, what time did you go to bed last night?…

と子供に質問していきます。そして、その子供からの返事を受けて他の子供に向かって、

　T: Student A went to bed at … o'clock last night.
　　 He got up at seven o'clock this morning. How long did he sleep?

…と聞いて友達の言った内容を確認したり、

　T: What are your favorite sports?
　　 Are you good at running?
　　 Are you going to have a dance performance?…

のように、運動会の内容について質問することで、子供達からも、"I don't like dancing." といった発言が出てくるでしょう。

例2 学校で水泳の授業が始まった時

　T: You look tired today.
　　 Did you swim at school today?
　　 Do you like swimming?
　　 How long can you swim?

のような質問で、普段の英語のレッスンではわからない子供達の特技などを知るチャンスにもなります。また、指導者が自分の楽しい経験の話をして、後で質問するのもよいでしょう。

→ **5.** Individual Work → **6.** Oral Presentation → **7.** Follow up & Drill → **8.** Closing

例3 自分が経験したことをテーマにする時

T: I went to Tokyo on Friday by plane. First I went to Kansai airport by train. But as you know, it was raining very hard on Saturday and the train stopped. So I had to take a bus to the airport ….

のように、平易な英語を使って話を聞かせ、その関連で子供達に質問していきます。

子供達は、フルセンテンスで答える必要はありませんが、単語で答えた場合は指導者がフルセンテンスで自然に英語を提示します。

T: Where did you go on Sunday?

S(A): Shopping.

T: Oh, you went shopping. Where did you go?

S(A): Nihonbashi.

T: I see. You went shopping in Nihonbashi on Sunday. Did you have a good time?…

T:（子供Bに）Where did **A** go last Sunday, **B**?

S(B): I forgot.

T: Oh, you forgot. Please ask **A**.

S(B):（子供Aに向かって）Where did you go last Sunday?…

なお、Wh疑問文を使って質問する際に、子供が理解できない時は、Yes, Noで答えられる疑問文に変えてみましょう。

第1段階: Where did you go last Sunday?

第2段階: Did you go to school? / Did you stay at home?

話すスピードは、特にゆっくりさせる必要はありません。今まで習ったことのチェックをしていると子供に感じさせないで、内容に興味を持って子供達1人1人と会話することが大切です。できる限り多くの既習の英語表現を用いて、今まで学習してきた英語が実際の生活の中で言語として使用されることを体感させます。

各クラスの進度に合った質問文の例を「実践編」に紹介してありますのでWarm up時に活用してください。

1. Warm up ➡ 2. Review ➡ 3. Situational Activity ➡ 4. Practice of the Target Sentences through Songs / Chants

2 Review

　子供達は、1週間たつと習ったことを忘れてしまうのが普通です。先を急がずに、同じ言語材料をスパイラルに何度も繰り返し、徐々に複雑にしていくことが大切です。1年かけて学習したことを、学年末に全部暗誦できることを目標にして、「復習時間」を大事に使うとよいでしょう。

　方法としては、指導者が復習のレッスンを選ぶのではなく、子供に既習の歌やチャンツ、ダイアログ等を選ばせて、グループで復誦させるのが有効です。子供自身に選ばせることが、自分の意見を言う機会や、言ったことを先生に受け入れられる機会を作り、ひいては自己表現能力の育成・自尊心の育成につながります。その他、時間をとらない簡単なゲームなどで、語彙やsight readingの復習をするのも効果的です。

3 Situational Activity

　アクティビティ（言語活動）は、そのレッスンのターゲットとなる語彙や文章を実際の場面で使うことを目的としています。従来の中学校の英語指導方法と全く異なるところは、ターゲットの語彙、文型（文法事項）を前もって提示しないことです。

　活動は「子供達が実際の場面で英語を使うこと」を目的としたインフォメーション・ギャップのあるアウトプットを促す活動を選びます（インプットのための活動と混同しない注意が必要です）。子供達に「今日のターゲットの文型の使い方を覚えるために、架空の場面を作ってゲームをしているのだ」という意識を持たせるのではなく、言語として英語を実生活の中で「使う」経験をさせることが大切です（authentic use）。実際に「どうしても知りたい」「どうしても伝えたい」「そのためには英語を使わなければならない」というインフォメーション・ギャップのある状況を作り、コミュニケーションを取りながら課題を解決していく活動をおこないます。子供達にとって新しく提示される語彙や文法・文型事項は、試験のために暗記しなければならないものではなく、活動の課題を解決するため（ゲームに勝つため）に必要なものなのです。新しい文型を1つ1つバラバラに学習するのではなく、ゲームの流れの中で文章の機能を理解しながら使う（contextualized language use）ことができます。

> **5.** Individual Work ➡ **6.** Oral Presentation ➡ **7.** Follow up & Drill ➡ **8.** Closing

　活動（ゲーム）をおこなう際には日本語は使わずに活動の手順を説明しましょう。まず、活動をおこなうために必要な語彙や文章をフラッシュカード、センテンスカードなどを使って提示または復習します。その後、活動の手順を指導者がデモンストレーションします。指導者は子供達が理解できるように明瞭でわかりやすい英語を使い、大きなジェスチャーや表情を使ってデモンストレーションしてください。その時に子供が完全に理解できなくても、活動を遂行していく間に理解していけばよいと考えて差し支えありません。

　活動は、子供同士を競わせて勝敗を決めるもの（＝ゲーム）だけでなく、協力しながら課題を解決していくもの、自己内の進歩を高めるものを用意することが大切です。

4　Practice of the Target Sentences through Songs / Chants

　3 Situational Activityで、実際の場面で繰り返し使った**語彙・文型を定着**させます。方法としては、チャンツ、歌、ダイアログの暗誦があります。子供達は**3**の活動ですでに何度もターゲットの語彙・文型を使用しているので、暗誦は楽にできるでしょう。

5　Individual Work

　ターゲットの語彙・文型を使って**自己表現を促す**課題を提示します。
3 Situational Activityではグループ単位でしたが、この段階では、<u>1人1人が、ターゲットの語彙や文型を使って自分自身のことを表します</u>。与える課題はできるだけ子供の日常生活に密着したものにしましょう。上級者には既習の英語だけでなく、自分の言いたいことを正確に伝えられる語彙を探す態度を育成しましょう。小学校高学年になれば辞書の使用も可能です。指導者は子供達の机を見回りながら、それぞれの子供への言葉がけ、励まし、指導を必ずおこなってください。

1. Warm up ▶ 2. Review ▶ 3. Situational Activity ▶ 4. Practice of the Target Sentences through Songs / Chants
▶ 5. Individual Work ▶ 6. Oral Presentation ▶ 7. Follow up & Drill ▶ 8. Closing

6 Oral Presentation

　　Individual Workで個々に表現したことをクラスの友達の前または外国人講師の前で発表します。人前で自分の意見を発表する（public speaking）体験を通してコミュニケーション能力を育成します。発表時には前を見、姿勢を正し、大きな声ではっきりと発表するように指導します。聞き手は発表者の発表をしっかりと聞き、その内容について質問することで、発表者の子供達と同じようにコミュニケーション能力を育成していくことができます。人の発表や考えを笑ったり、批判する子供には、そのままにしないで、きちんと指導してください。

7 Follow up & Drill

　　時間に余裕があれば、**4**の活動をより深めたり、ターゲットの語彙・文型の定着を目的としたpattern practiceやドリル、インプットを目的としたゲーム（ビンゴなど）をおこないます。また、ワークブックや簡単なクイズ（テスト）で、子供達の理解度を深めてもよいでしょう。

8 Closing

　　4で学習した定着すべき語彙・文型の歌、チャンツ、ダイアログなどを音声で聞くことを宿題とします。その時は、次回の授業までに暗誦することを目的とします。
　　最後に子供達1人1人と終わりの挨拶をして帰ります。指導者の励ましの言葉がけが次のレッスンへの動機づけにつながります。

4 レッスンプラン作成上の留意点

実際にレッスンプランを立てるときには、次の点に留意しましょう。

1. **学習目標を体系的に明確にし**、その目標を達成するために、具体的に各学期、各レッスンで何をするべきか考えましょう。
2. レッスンプランには**言語目標とコミュニケーション能力育成目標**を入れましょう。
3. **音声教育、発話教育、国際（理解）教育**をバランスよく組み込みましょう。
4. **子供達の年齢別特徴や発達段階**に合った教授法を採りましょう。
5. 常に子供達の習熟度や関心度を把握し、**子供達の知的好奇心を刺激する**課題や活動を取り入れましょう。
6. 子供達を競わせて勝敗を決めるゲームではなく、子供達が**協力してできる活動**を選びましょう。
7. 既成のレッスンプランをそのまま遂行するのではなく、その都度修正しながら教えましょう。レッスンプランに子供達を合わせるのではなく、**子供達に合わせてレッスンプランを微調整**しながらレッスンを進めます。
8. 活動に**バラエティとフレキシビリティ**を持たせましょう。活動は1種類だけでなく、同じ目的のものを数種類用意しておきます。
9. 活動は、英語の語彙や文章を定着させるための活動なのか、英語を使うための活動なのか、**目的を明確にして**取り組みましょう。
10. 子供達がスパイラルに学習できるように、同じ言語目標をさまざまな方法で何度も繰り返し、**その都度「少し」新しいことを加え**ましょう。
11. 子供達が自発的、自主的に学べるようなレッスンプランを立てましょう。暗記する語彙の数を目標とするのではなく、**自分の言いたいことを表現するための語彙を自分で探し、それを使える能力の育成**をめざします。
12. 英語の**四技能**を年齢に応じてバランスよく入れましょう。
13. 子供達が**学習達成感を味わう**ことができる活動を取り入れましょう。子供達の学習意欲が高まります。
14. **復習**に重点をおきましょう。子供達は1度習ったことも時間がたてば忘れます。

以上のことを留意し、本章 p.89 で示した「児童英語教育におけるレッスンプランの流れ」に沿ってプランを作ります。英語のレッスンは「楽しいゲーム」だけでは成り立ちません。「ターゲットの文章や語彙を使って自分のこと（考え）をクラスの前で発表できる」までを1レッスンの流れと考えてください。

また、子供達の心を表出させるには、レッスンプランに書かれたレッスン手順の文章の行間に隠れている部分、つまり子供達との接し方が大変重要です。手順を追うことは必要ですが、レッスン中の指導者の目線、態度、言葉がけが、最も子供達に影響を及ぼす重要な要素であることを子供に接していくうちにおわかりいただけることと思います。

chapter 6

第6章

国際コミュニケーション能力を育てる レッスンプラン15

本章では、5章で述べたレッスンプランの立て方を踏まえ、児童英語教育の現場で役に立つ実際のレッスンプランを示しました。授業時間を45分で固定し、子供の対象年齢、学習の言語目標、コミュニケーション能力育成目標、準備するもの、レッスン内容、歌やチャンツの歌詞、定着の図り方に至るまでを統一したモデルで記しました。

幼児・小学校低学年・学習期間 1−3年

Lesson plan 1	98
Lesson plan 2	100
Lesson plan 3	102
Lesson plan 4	104

小学生中学年・学習期間 3−4年

Lesson plan 5	106
Lesson plan 6	108
Lesson plan 7	110
Lesson plan 8	112
Lesson plan 9	114

小学校高学年以上・学習期間 4−8年

Lesson plan 10	116
Lesson plan 11	118
Lesson plan 12	120
Lesson plan 13	122
Lesson plan 14	124
Lesson plan 15	126

Lesson plan 1

| 授業時間 | 45 minutes | 対象年齢 | 幼児、小学校1−3年生 | 学習期間 | 1−3年 |

| 言語目標 | 身体の部位の語彙とその機能を示す動詞を学ぶ。canの使い方を理解する。 |
| コミュニケーション能力育成目標 | 子供の自尊心を育む。自ら進んでコミュニケーションを図ることができる。 |

| 準備するもの | ●身体の部分のフラッシュカード（arms / ears / eyes / legs / mouth / nose）
●A4サイズの紙（子供の人数分） |

参考 WELCOME to Learning World YELLOW Book pp.20-21

Lesson Procedure

Warm up

☐ 大きな声で挨拶する。既習の英語を使って子供達の日常生活に即した質問をしながら、英語の世界に子供達を導く。

例 **T:** What is your name? What is your family name?
　　　How are you, today? How old are you? Where do you live?

Review

☐ 既習の歌やチャンツの中からいくつか子供達に選ばせて、みんなで歌う。

Situational Activity / Practice of the Target Sentences through Songs / Chants

1 フラッシュカードで身体の部位の練習をする。　　　➡ 実践編 活動A19
　　　arms / ears / eyes / legs / mouth / nose

2 子供達と身体の機能について次のように話し合う。

例 eyesのフラッシュカードを見せて、
　T: These are eyes. With our eyes, what can we do? Can we eat? Can we run?
　Ss: We can see.

3 同様に ears, nose, legs, arms の機能についても話し合う。

4 チャンツ **With My Eyes** を、動作をつけて紹介する。　➡ 実践編 *A B* **CD** 59

> With my eyes, I can see.
> With my ears, I can hear.
> With my nose, I can smell.
> With my mouth, I can eat.
> With my legs, I can walk.
> With my arms, I can hug you!

動作は実践編のチャンツ With My Eyes のページに紹介してあります。

5 子供達は輪になる。先生が真ん中に立ち、子供達と一緒にチャンツを言いながら動作をする。

6 チャンツの最後の **With my arms, I can hug you!** のところで、1人の子供を hug する（抱きしめる）。

7 hug された子供は先生と一緒に円の真ん中に立ち、みんなで一緒に最初から動作をつけてチャンツを言う。

8 最後の行の **I can hug you!** のところで、hug された子供と先生は別々の人を hug する。

9 今回 hug された2人の子供と最初に hug された子供、先生の4人が円の真中に立ち、同じことを繰り返す。全員が hug されるまで続ける。

Individual Work / Oral Presentation

1 子供達にA4の紙を配り、紙の真中にそれぞれ自分の足または手を置き、トレースする（足または手のふちをかたどる）。

2 子供が1人ずつクラスの前に立ち、This is my foot (hand). と言って足型（手型）を見せる。

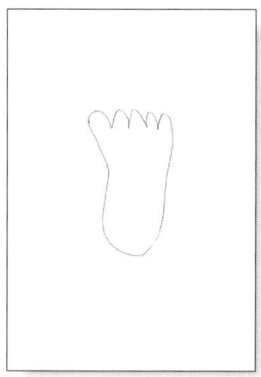

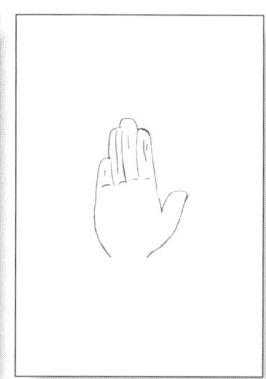

Follow up & Drill

1 **Head Shoulders Knees and Toes** の歌を、それぞれの身体の部分に両手を置きながら歌う。 ➡ 実践編 *A B* CD 38

> Head, shoulders, knees and toes, knees and toes,
> Head, shoulders, knees and toes, knees and toes and
> Eyes and ears and mouth and nose,
> Head, shoulders, knees and toes, knees and toes.

head　　shoulders　　knees　　toes

2 歌のスピードをだんだん速くして繰り返す。

3 時間があれば、身体の部分に関する絵本（A Teddy Bear）を読む。

Closing

1 チャンツの音声を何度か繰り返し聞いてくる宿題を提示する。

2 クラス全員で Good-bye Song を歌う。

　　　T: Good-bye. See you next week.
　　　Ss: Good-bye, Mr./Ms. ___.

Lesson plan 2

| 授業時間 | 45 minutes | 対象年齢 | 幼児、小学校1-3年生 | 学習期間 | 1-3年 |

| 言語目標 | 動物の語彙と鳴き声を学ぶ。Open No.__, please. の表現方法を学ぶ。 |
| コミュニケーション能力育成目標 | 課題を解くために積極的に質問することができる。異文化に対する正しい知識を得ることができる。 |

| 準備するもの | ●動物のフラッシュカード（絵カード）
●窓が5つ付いた家の絵（窓が5つ付いている家の絵を描き、窓枠の上、右縦、下の3辺をカッターで切って、窓が自由に開いたり閉じたりできるようにする。それぞれの窓に1～5の番号を書く）
●B5サイズの紙に窓の絵を描き、同じものを5枚用意する。
●A4サイズの紙（子供の人数分） |

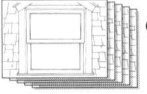

参考 WELCOME to Learning World YELLOW Book pp.28-29

Lesson Procedure

Warm up

☐ 大きな声で挨拶する。既習の英語を使って子供達の日常生活に即した質問をしながら、英語の世界に子供達を導く。

Review

☐ 既習の歌やチャンツの中からいくつか子供達に選ばせて、みんなで歌う。

Situational Activity

➡ 実践編 活動A20

[1] フラッシュカードで下記の動物の語彙を練習する。
　　　dog / cat / sheep / rooster / horse

[2] 家の絵の後ろに動物の絵カードを隠し、子供達に何の動物が隠れているか考えさせる。

[3] 先生は **Open the Window** のチャンツを口ずさみながら、1人の子供を選び、その子供にどの窓を開けてほしいか、英語で言うように促す。
　　　T:（リズムをつけて）

> Open the window, open the window, open the window, please.
> Who's there in the house? Open the window, please.

　　　T: Well, which window shall I open?　Shall I open No.1, No.2 or No.3?
　　　S1: Open No. __, please.
　　　T: Can you guess who's there in the house?

[4] 後ろに隠してある動物が当てられなかった場合は、もう一度最初からチャンツを言う。
　　2回目からはクラスで一緒にチャンツを言うように子供達を促す。
　　　T&Ss:（リズムをつけて）

> Open the window, open the window, open the window, please.
> Who's there in the house? Open the window, please.

> T: Well, which window shall I open? Shall I open No.1, No.2 or No.3?
> S1: Open No. ___, please.

5 後ろに隠れている動物を当てることができたら、今度はその子供が先生の役割をして何度か同じことを繰り返す。

6 今度は窓の絵5枚を用意する。

7 チョークトレイに sheep, rooster, cat, dog, horse の絵カードを並べる。各カードの前に窓の絵を置き、動物の絵カードが見えないようにする。

8 先生はひとつの窓の絵を指さしながら、CD をかけるか、リズムをつけて言う。

> (T:) Open the window, open the window, open the window, please.
> Who's there in the house? Open the window, please.（sheepの場合）
> Baa, baa, baa. I'm here in the house. Baa, baa, baa.

（ここでCDを一時止める）

9 この鳴き声からどんな動物が窓の後ろにいるかを考えさせる。

10 窓の絵を取って、後ろにある動物のカードを子供達に見せ、答えを確かめる。

11 同様に、rooster, dog, cat, horse を当てさせる。

Practice of the Target Sentences through Songs / Chants

1 チャンツ **Open the Window** をみんなで練習する。　➡ 実践編 *A B*　CD 60

2 動物の鳴き声について子供達に尋ねる。

> T: What sound does a sheep make? (rooster, cat, dog, horse)

(rooster: Cock-a-doodle-doo.　　cat: Meow, meow, meow.)
(　　dog: Bow, wow, wow.　　horse: Neigh, neigh, neigh.)

Individual Work / Oral Presentation

☐ A4サイズの紙に自分の好きな動物の絵を描かせ、クラスのみんなに口頭で発表する。

> S: I like ....

Follow up & Drill

☐ 他の動物の語彙をフラッシュカードで練習し、動物ビンゴゲームをして語彙の拡張と定着を図る。

　　例 bird / mouse / rabbit / dinosaur / tiger / snake / fox / pig / lion

Closing

1 チャンツの音声を何度か繰り返し聞いてくる宿題を提示する。

2 クラス全員で Good-bye Song を歌う。

> T: Good-bye. See you next week.
> Ss: Good-bye, Mr./ Ms. ___.

Lesson plan 3

| 授業時間 | 45 minutes | 対象年齢 | 幼児、小学校1－3年生 | 学習期間 | 1－3年 |

言語目標 Where を使って場所を聞くことができる。前置詞 on, in, under を理解して使うことができる。

コミュニケーション能力育成目標 課題を解くために必要な質問を考え、積極的に質問することができる。

準備するもの
- 帽子（または帽子の絵カード）
- cap の絵を次の色にぬったもの
  （red, green, blue, pink, gray, white, brown, purple, orange, black）

参考 WELCOME to Learning World BLUE Book pp.32-33

Lesson Procedure

Warm up

☐ 大きな声で挨拶する。既習の英語を使って子供達の日常生活に即した質問をしながら、英語の世界に子供達を導く。

> T: What is your name? What is your family name?
> How are you, today? How old are you? Where do you live?

Review

1. 既習の歌やチャンツを子供達に選ばせて、みんなで歌う。

2. 既習の語彙を、フラッシュカードを使って復習する。

Situational Activity　　　　　　　　　　　➡ 実践編 活動A17

1. 帽子（または帽子の絵カード）を使って語彙を十分練習する。
   > T: What color is this cap?
   > （答えが出ない場合は Is it blue? などと聞いていく。）

2. 先生は色の違う10色の帽子（の絵）を1つ1つ下記の場所に英語で説明しながら置く。
   > T: I am putting the blue cap on the desk. ON the desk. OK?

   同様に in the desk, under the desk, on the chair, under the chair, in the bag, on the bag, under the bag にも帽子のカードを置く。

3. 全部置き終えると、子供達に質問する。
   > T: Where is my cap?
   > Ss: What color is it?（と、質問させる）
   > T: It's blue.
   > Ss: It's on the desk.

   同様にして、9個の帽子の場所を聞く。

4. 10色の帽子（または帽子の絵カード）を教卓の上に並べる。

5. 子供を1人ずつ（帽子1つにつき1人）前に呼び、先生の指示どおりの帽子を取り、指示した場所に置かせる。

T: Please put the red cap in the bag.
S: OK.

6 すべての帽子を置いた後、**2**、**3**を繰り返す。

Practice of the Target Sentences through Songs / Chants

☐ チャンツ **Where Is My Cap?** をみんなで練習する。 ➡ 実践編 *A B* **CD** 58

> Where's my cap?
> Where's my cap?
> On? In? Under?
> On the desk? In the desk?
> Under the desk? Where?
>
> Is it blue? Is it green?
> Is it red or black?
> Where's my cap?
> Where's my cap?
> On? In? Under?

Individual Work / Oral Presentation

1 子供達をペアにし、帽子(絵カード)を2枚渡す。

2 ペアは順番にクラスの前に出てきて、一方が椅子と机とかばんの上、下、中に絵カードを隠し、下記のダイアログを使ってロールプレイをする。

S1: Where is my cap?
S2: What color is it?
S1: It is red.
S2: It's on the desk.

Follow up & Drill

☐ 前置詞のビンゴや、前置詞に関するドリルをおこなう。

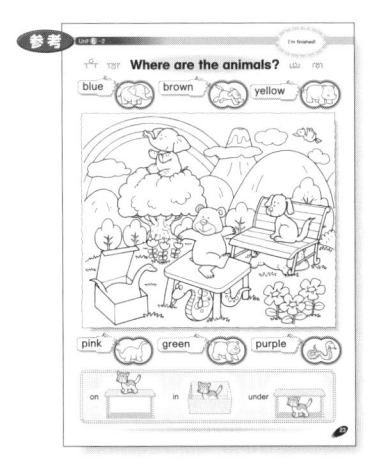

Closing

1 チャンツの音声を何度か繰り返し聞いてくる宿題を提示する。

2 クラス全員で Good-bye Song を歌う。

T: Good-bye. See you next week.
Ss: Good-bye, Mr./Ms. ___.

Lesson plan 4

| 授業時間 | 45 minutes | 対象年齢 | 幼児、小学校1-3年生 | 学習期間 | 1-3年 |

言語目標 色 (red, black, white, blue, yellow, green, purple, pink, orange, brown)、形容詞 (big, little, small)、形を表す語彙 (triangle, circle, square, rectangle) を覚える。

コミュニケーション能力育成目標 課題を解くために、自分の要求を相手に伝えることができる。

準備するもの
- 色のフラッシュカード
- 形を示す色板（シェープ）：四角形 大・小、長方形 大・小、円形 大・小、三角形 大・小、（←それぞれ3色で1色につき4枚ずつ用意し、後ろにマグネットを貼り、黒板に貼り付けられるようにする）
- 家の完成図（4種類） ●色鉛筆（家をぬる）

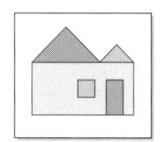

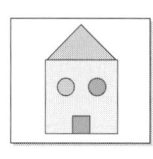

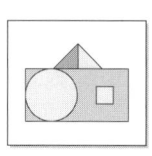

（色板24枚）

参考 WELCOME to Learning World BLUE Book pp.10-11

Lesson Procedure

Warm up

◻ 大きな声で挨拶する。既習の英語を使って子供達の日常生活に即した質問をしながら、英語の世界に子供達を導く。

Review

1. 既習の歌やチャンツの中からいくつか子供達に選ばせて、みんなで歌う。
2. 既習の語彙を、フラッシュカードを使って復習する。

Situational Activity

→ 実践編 活動A16

1. チョークトレイに色のフラッシュカード8枚を orange, blue, green, pink, brown, yellow, black, red の順番に並べて **My Favorite Color** を歌う。

→ 実践編 A B CD 23

> Orange, blue, green and pink,
> Brown, yellow, black and red,
> I like yellow. I like pink.
> What's your favorite color?

2. 用意したいろいろな形の色板24枚を黒板に貼りながら、次のように英語で説明していく。
   T: This is a big green triangle. This is a big blue circle.
   This is a red rectangle. This is a big blue rectangle.

3. シェープを1つ選んで英語で説明し、子供に黒板のところに行って、色板を取ってこさせる。
   T: One big green triangle, please.
   S:（先生が言ったグリーンの▲を取ってきて）Here you are.
   T: Thank you. 同様にして、色板24枚が終わるまで続ける。

4 色板24枚を教卓に置く。クラスを4グループにわけ、1グループの中で色板を取る子供達（A）と、家を作る子供達（B）にわける。

5 グループ（A）の子供達が教卓のまわりに立つ。各グループ（B）の子供達に家の完成図4枚を1枚ずつ配る。（B）の子供達は家の完成図に従って必要なシェープを（A）に伝える。（A）の子供達は（B）に言われたシェープを探して取り、（B）に手渡していく。

　　S(B) : A big blue rectangle, please.
　　S(A) :（大きな青い長方形の色板を取って渡す）Here you are.
　　S(B) :（色板を受け取って）Thank you.

6 （B）の子供達は家の完成図に従って家を作る。図が最初に完成したグループが勝ち。

Practice of the Target Sentences through Songs / Chants

1 チャンツの詞の通りに色板を用意し、**One Blue Rectangle** をみんなで練習する。

➡ 実践編 *A B*
CD 52

> One blue rectangle, one big rectangle, please. ×××
> One red square, one big square, please. ×××
> Two yellow squares, two little squares, please. ×××
> Two black circles, two big circles, please. ×××
> Three white circles, three little circles, please. ×××
> One green triangle, one big triangle, please. ×××
> Two orange triangles, two little triangles, please. ×××

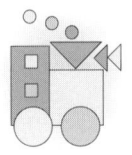

2 先生は上のチャンツを言いながら、右の汽車を黒板に作っていく。

Individual Work / Oral Presentation

1 黒板に24枚の色板を貼る。子供達にA4サイズの紙を配る。

2 子供達は黒板の色板を参考に ◯と■と△を使って家の絵を描き、色をぬる。

3 自分の描いた絵をクラスに見せ、それぞれのシェープを指さしながら説明する。
　　S: This is my house. One big black triangle.
　　　　Two little circles. And one little red circle.

4 先生は次のような質問をしてプレゼンテーションを援護する。
　　T: How many black triangles? What color is the little square?

Follow up & Drill

1 Situational Activity で使った24枚の色板を適当に選んで黒板に貼って質問する。
　　T: How many triangles? How many rectangles?
　　　　How many circles? How many squares?

2 色と形のビンゴをして語彙の拡張と定着を図る。

Closing

1 チャンツの音声を何度か繰り返し聞いてくる宿題を提示する。

2 クラス全員で Good-bye Song を歌う。
　　T: Good-bye. See you next week.
　　Ss: Good-bye, Mr./Ms. ___.

Lesson plan 5

授業時間	45 minutes	対象年齢	小学校2-4年生	学習期間	3-4年

言語目標 Whose ...? の文型を理解する。所有格の 's を理解する。

コミュニケーション能力育成目標 課題を解くために積極的に質問する。

準備するもの
- 線画の shirt（シャツ）の絵（子供の人数分）
- 色鉛筆（シャツを3色でぬる）

参考 Learning World Book 1 p.40

Lesson Procedure

Warm up

☐ 大きな声で挨拶する。既習の英語を使って子供達の日常生活に即した質問をしながら、英語の世界に子供達を導く。

Review

1. 既習の歌やチャンツの中から、いくつか子供達に選ばせて、みんなで歌う。
2. 既習の語彙を、フラッシュカードを使って復習する。

Situational Activity

1. 線画のシャツの絵を配り、自分の好きな色（3色以内）でシャツをぬる。先生は机間巡視をして子供達1人1人の絵を見ながら英語で質問する。

    T: What color is your shirt? Do you like blue?
    Isn't that a nice shirt!

2. クラスを10人ほどのグループにわける。
3. グループごとにシャツの絵を集め、1グループごとに机の上に並べる。
4. 先生の合図で、各グループ最初の子供が机の前に立ち、1枚のシャツの絵を手にとってだれのシャツか尋ねる。

    S1: Whose shirt is this?
    Ss: It's (A)'s shirt.
    S(A): It's my shirt.
    S1: Here you are, (A). （と言ってAに差し出す）
    S(A): Thank you. （と言って受け取る）

5. 次に子供Aが前に出て、同様に1枚のシャツの絵を手にとってだれのシャツか尋ねる。
6. シャツの絵が机の上から一番早くなくなったグループが勝ち。

Practice of the Target Sentences through Songs / Chants

1 次のダイアログ **Whose Shirt is This?** を黒板に書き、先生の後に付いて練習する。

- Whose shirt is this?   ○ It's my shirt.
- Here you are.   ○ Thank you.
- Is this your cap?   ○ No, it isn't.
- Whose cap is this?   ○ It's Jamie's cap.
- Here you are, Jamie.   ○ Thank you.

2 子供達はペアを組んで上のダイアログを練習する。

Individual Work / Oral Presentation

☐ 子供達は、上記で自分が色をぬったシャツの絵を持って、クラスの前で発表する。
    S: This is my shirt. It is red, green and black.

Follow up & Drill

1 子供達のシャツの絵を集め、先生が順番に質問する。
    T: Whose shirt is this?
    Ss: It's (A)'s shirt.
    S(A): It's my shirt.

2 子供達からいろいろなもの (bag, eraser, book, pencil...) を集め、Whose...? を使って質問する。
    T: Whose <u>bag</u> is this?   Whose <u>eraser</u> is this?
    Whose <u>book</u> is this?   Whose <u>pencil</u> is this?

3 右のようなワークシートを使って、Whose...? の定着を図る。

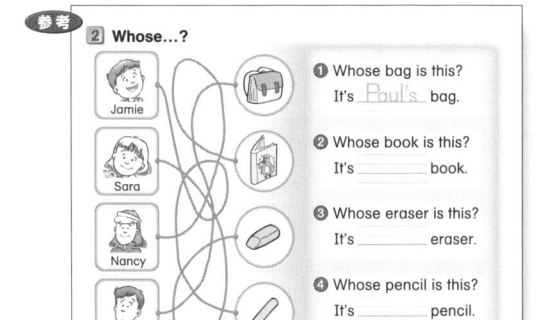

参考

2 Whose...?

❶ Whose bag is this?
   It's <u>Paul's</u> bag.

❷ Whose book is this?
   It's _____ book.

❸ Whose eraser is this?
   It's _____ eraser.

❹ Whose pencil is this?
   It's _____ pencil.

Closing

1 ダイアログの音声を何度か繰り返し聞いてくる宿題を提示する。

2 クラス全員で Good-bye Song を歌う。
    T: Good-bye. See you next week.
    Ss: Good-bye, Mr./Ms. __.

Lesson plan 6

| 授業時間 | 45 minutes | 対象年齢 | 小学校2-4年生 | 学習期間 | 3-4年 |

言語目標
曜日 (Sunday, Monday, Tuesday, Wednesday, Thursday, Friday, Saturday) の語彙を覚える。序数 1st 〜 31st の表現を覚える。
曜日を尋ねることができる。(What day (of the week) is it today?)
日にちを尋ねる表現を覚える。(What is the date today?)

コミュニケーション能力育成目標
情報を正しく聞き取る。情報を正しく確実に相手に伝える。
わからない時はわからないことを伝え、質問することができる。

準備するもの
- マグネット
- 先生用の大きなカレンダー (31日間の月のカレンダー)
- 小さなカレンダー (子供の人数分)

参考 Learning World Book 1 pp.54-55

Lesson Procedure

Warm up

☐ 大きな声で挨拶する。既習の英語を使って子供達の日常生活に即した質問をしながら、英語の世界に子供達を導く。

Review

1 既習の歌やチャンツをいくつか子供達に選ばせて、みんなで歌う。

2 既習の語彙を、フラッシュカードを使って復習する。

Situational Activity

➡ 実践編 活動B30

1 大きなカレンダーを黒板に貼って曜日の復習をする。　➡ 実践編 A B　CD 36

2 1日から1日ずつ指さしながら序数を紹介する。子供達は先生の後について練習する。
　　T: First, second, third, fourth, fifth, sixth, seventh, eighth, ninth, tenth... thirty-first.

3 カレンダー上の任意の日を指さして、曜日の質問をする。
　　T: What day (of the week) is it today?
　　Ss: It is Monday.

4 同様に日付を質問する。
　　T: What is the date today?
　　Ss: It is May second.

5 マグネットをカレンダー上の1日のところに置き、英語で説明しながらマグネットを動かしていく。
　　T: I move the magnet three days down, two days right and one day up.

6 英語で説明した後、マグネットが位置する日にちについての質問と答えをデモンストレーションする。

> T: What day is it? Yes. It's Tuesday.
> What is the date? It's May tenth. Do you understand?
>
> 子供達が理解しにくいようなら、何度か上記のデモンストレーションを繰り返す。

7 子供達に用意しておいたカレンダーを1枚ずつ配る。

8 子供達はカレンダー上の1日に指を置き、先生の指示どおりに動かす。

> T: Put your finger on the first day of the month. Move two days down, five days left and two days down. What day is it? What is the date?

Practice of the Target Sentences through Songs / Chants

1 The Days of the Week の歌を歌う。　→ 実践編 *A B*　CD 36

> Sunday, Monday, Tuesday, Wednesday, Thursday, Friday, Saturday

2 The Twelve Months of the Year の歌を歌う。　→ 実践編 *A B*　CD 37

> January, February, March, April, May, June, July, August, September, October, November, December

Individual Work / Oral Presentation

☐ 子供達1人1人が前に出て、自分の誕生日と本年度の曜日を調べて発表する。

> S: My birthday is May fifth.
> It is Sunday this year.

Follow up & Drill

1 クラスサイズによって5～6人のグループを作り、1列に並ぶ（教室の場合は、縦の列でグループを作る）。

2 各列の先頭の子供に1枚ずつ曜日のフラッシュカードを、曜日名を言いながら渡していく。

3 フラッシュカードを渡された子供は、列の次の子供に曜日を言いながら渡していく。早く全部のカードが列の最後の子供まで届いたチームが勝ち。

Closing

1 ダイアログと歌の音声を何度か繰り返し練習する宿題を提示する。

2 クラス全員で Good-bye Song を歌う。

> T: Good-bye. See you next week.
> Ss: Good-bye, Mr./Ms. ＿＿.

Lesson plan 7

| 授業時間 | 45 minutes | 対象年齢 | 小学校2-4年生 | 学習期間 | 3-4年 |

言語目標　What's this in English? Once more, please. Louder, please. の表現を覚える。身の回りの語彙を覚える。

コミュニケーション能力育成目標　情報を正しく確実に相手に伝える。情報を正しく聞き取る。わからない時はわからないことを伝え、質問することができる。

準備するもの
- 文房具などの実物またはフラッシュカード
  (book, chair, desk, window, stapler, piano, pencil, bag, chalk, ruler)
- 身の回りの語彙のコピーシートを1人1語、人数分コピーする。
- A4サイズの紙（子供の人数分）

参考　READY for Learning World pp. 22-23

Lesson Procedure

Warm up

☐ 大きな声で挨拶する。既習の英語を使って子供達の日常生活に即した質問をしながら、英語の世界に子供達を導く。

Review

1 既習の歌やチャンツをいくつか子供達に選ばせて、みんなで歌う。

2 既習の語彙を、フラッシュカードを使って復習する。

Situational Activity

1 用意した文房具の中から1つを手にして子供達に見せ、質問する。（例:ホッチキス）
　　　T:（ホッチキスを見せて）What's this?
　　　Ss:「ホッチキス」
　　　T: Once more, please.
　　　Ss:「ホッチキス」
　　　T: Louder, please.
　　　Ss:「ホッチキス」
　　　T: I see.　Hocchikisu.　Then what is it in English?　It's a stapler.
　　　Ss: Once more, please.（子供達を促して言わせる）
　　　T: A stapler.
　　　Ss: Louder, please.（子供達に促して言わせる）
　　　T: A stapler, a stapler, a stapler.

2 book, chair, desk, door, teacher, window, eraser, piano, pencil, bag, chalk, ruler のフラッシュカードまたは実物を使って **1** と同様に練習する。
　　　T:（手に持って）What's this?　（または物を指さして）What's that?
　　　Ss: It's a <u>book</u>.（chalk の場合は a を付けない）

3 コピーシートを切り離して、1人に1枚ずつ配る。

4 子供達をペアにし、ペアの一方を教室の端に、そのペアの相手をもう一方の端に移動させる。

[5] 子供達は互いのパートナーに向かって、相手のカードに何が書いてあるか質問し、パートナーのカードに書いてある絵と英語（つづり）を自分のカードの四線の欄に書き込む。
    S1: What's that in English?
    S2: It's a ....
    S1: How do you spell ...?

[6] 各ペアが一斉に情報を交換するのでクラスは騒がしくなるが、子供達はパートナーの情報を聞き取れるまで、Once more, please. Louder, please. を使って質問を繰り返す。

[7] 両者が情報を交換できたら、座って手をあげさせる。

[8] 先生と一緒に、両者のカードの絵とつづりが同じであることを確認する。

Practice of the Target Sentences through Songs / Chants

☐ チャンツ **What's This in English?** をみんなで練習する。 ➡ 実践編 *A B* CD 65

> What's this? What's this? What's this in English?
> A stapler.
> Once more, please.
> A stapler.
> Louder, please.
> A stapler. A stapler. A STAPLER!

Individual Work / Oral Presentation

[1] 子供達にＡ４サイズの紙を配る。

[2] 子供達は自分が英語で何と言うか知りたいものの絵を描く。

[3] 子供達は、描いたものの英語名とつづりを先生に聞く。
    S1: （例：恐竜の絵を見せて） What is this in English?
    T: It's a dinosaur.
    S1: How do you spell dinosaur?
    T: D- i- n- o- s - a - u- r. Dinosaur.
    S1: Thank you.

[4] 子供達は１人１人クラスの前に出て自分の絵を見せ、英語で次のように発表する。
    S1: This is a dinosaur.

Follow up & Drill

☐ 先生がいろいろな実物またはフラッシュカードを１枚ずつ見せながら子供達に質問する。
    T: What's this in English?
    Ss: It is a ....

Closing

[1] チャンツの音声を何度か繰り返し聞いてくる宿題を提示する。

[2] クラス全員で Good-bye Song を歌う。
    T: Good-bye. See you next week.   **Ss:** Good-bye, Mr./Ms. __.

Lesson plan 8

| 授業時間 | 45 minutes | 対象年齢 | 小学校2-4年生 | 学習期間 | 3-4年 |

言語目標	文房具(pencil, bag)、色、形容詞、big, little (small), long, short の語彙と、その使い方を理解して覚える。
コミュニケーション能力育成目標	課題を解くために積極的に質問する。 読んだり聞いたりした複数の情報を総合的にまとめることができる。
準備するもの	●長い pencil、短い pencil の絵を2枚ずつ、大きい bag と小さい bag を2枚ずつそれぞれに茶色と黄色で色をぬり、後ろにマグネットを付けて黒板に貼れるようにしておく。 ●上記と同じ物の縮小カードを用意しておく。 ●A4サイズの紙（子供のグループ分） ●sight reading 用のプリント（子供の人数分）

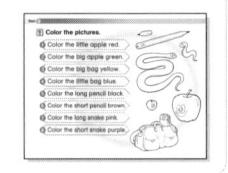

参考 Learning World Book 1 p.32

Lesson Procedure

Warm up

☐ 大きな声で挨拶する。既習の英語を使って子供達の日常生活に即した質問をしながら、英語の世界に子供達を導く。

Review

1 既習の歌やチャンツをいくつか子供達に選ばせて、みんなで歌う。

2 既習の語彙を、フラッシュカードを使って復習する。

Situational Activity

1 黒板に上記の鉛筆とかばんの絵を貼りながら英語で説明していく。

> **T:** This is a long brown pencil. This is a long yellow pencil.
> This is a short brown pencil. This is a short yellow pencil.
> This is a big brown bag. This is a little brown bag.
> This is a big yellow bag. This is a little yellow bag.

2 子供に縮小カードを1枚選ばせる（この時子供は縮小カードを先生に見せないようにする）。

3 先生は次のように質問しながら、子供が持っている縮小カードと同じ絵を、黒板に貼ってある絵の中から選ぶ。

> **T:** Is it a bag?　**S:** No (, it isn't).
> **T:** Is it a pencil?　**S:** Yes (, it is).
> **T:** Is it yellow?　**S:** No (, it isn't).
> **T:** Is it brown?　**S:** Yes (, it is).
> **T:** Is it big?　**S:** No (, it isn't).
> **T:** Is it little?　**S:** Yes (, it is).
> **T:** Now I know. It is a little brown bag!!

4 子供の持っている縮小カードと先生が選んだ絵が同じかどうか確認する。

5 次に、前にいる子供は新しい縮小カードを選び、みんなが質問してどれが該当する絵であるか推測する。

6 クラスの人数が多い場合はグループにわけておこなう。順番に1グループずつ立って他のグループに見せないように縮小カードを選ぶ。残りのグループは順番に質問して、縮小カードと同じ絵を、黒板に貼ってある絵の中から見つける。

7 同様にして、順番に子供が前に出て縮小カードを1枚選び、黒板に貼ってある絵が全部終わるまで続ける。

Practice of the Target Sentences through Songs / Chants

1 チャンツ **I Have a Big Bag** をみんなで練習する。　➡ 実践編 *A B*　CD 69

2 2人の子供を前に立たせて、大きなかばんの絵（S1）と短い鉛筆の絵（S2）を持たせる。

3 他の子供達（Ss）の代表者には小さなかばんと長い鉛筆の絵を持たせて、掛け合いでチャンツを練習する。

> **S1:** When I say big,　　　　**Ss:** We say little.
> **S2:** When I say short,　　　**Ss:** We say long.
> **S1:** I have a big bag.　　　 **Ss:** We have a little bag.
> **S2:** I have a short pencil.　**Ss:** We have a long pencil.
> **All:** big- little, short- long,　Big, little, short, long!

Individual Work / Oral Presentation

1 黒板に大きなネコ、小さなネコの絵を描き、それを指さしながらリズムをつけて次のように言う。

> **T:** I have a cat.　A big, big cat.
> 　　 I have a cat.　A little, little cat.

2 クラスを4人のグループにわけ、グループごとにA4サイズの紙を渡す。

3 子供達は相談しながら自分達でチャンツを作り、A4サイズの紙にそのチャンツが表す絵を描く。

4 グループごとにクラスの前に出て、絵を見せながらチャンツを発表する。

Follow up & Drill

1 sight reading のためのプリント（準備するもの参照）を子供達1人ずつに配る。

2 英文を子供達に読ませて、鉛筆、へび、りんご、かばんに指示どおりの色をぬらせる。
（子供達の能力やレベルによっては、先生が1文ずつ読んでその色をぬらせてください。）

Closing

1 チャンツの音声を何度か繰り返し聞いてくる宿題を提示する。

2 クラス全員で Good-bye Song を歌う。

> **T:** Good-bye.　See you next week.
> **Ss:** Good-bye, Mr./Ms. ＿.

Lesson plan 9

| 授業時間 | 45 minutes | 対象年齢 | 小学校2−4年生 | 学習期間 | 3-4年 |

言語目標	10カ国の国名（USA, France, China, Kenya, Germany, Spain, Korea, Thailand, India, Japan）と、各国の挨拶表現を学ぶ。
コミュニケーション能力育成目標	相手の言語や文化を尊重する態度を養う。 自ら進んでコミュニケーションを図る態度を養う。
準備するもの	●上記10カ国の国旗シール（1人の子供は1つの国のシールを10枚持つ） ●シールを貼っていく台紙（子供の人数分） ●10カ国の国旗カード（アメリカ、フランス、中国、ケニア、ドイツ、スペイン、韓国、タイ、インド、日本） ●世界地図 ●世界の国旗の一覧表 ●A4サイズの紙（子供の人数分） ●色鉛筆（国旗をぬる）

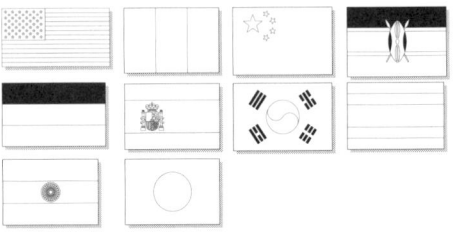

Lesson Procedure

Warm up
◻ 大きな声で挨拶する。既習の英語を使って子供達の日常生活に即した質問をしながら、英語の世界に子供達を導く。

Review
1. 既習の歌やチャンツをいくつか子供達に選ばせて、みんなで歌う。
2. フラッシュカードを使って文房具の語彙を練習する。

Situational Activity
1. 10カ国の国旗のカードを黒板に下記の順番に並べる。
   アメリカ、フランス、中国、ケニア、ドイツ、スペイン、韓国、タイ、インド、日本の順番

2. 全員で **Hello Song** を歌う。先生は歌詞に沿って国旗を左から順番に指さしていく。

   > Hello. Bonjour. Ni hao. Jambo. Guten Tag. Buenos dias. Annoyong hasipnikka. Sawas dee. Namastee. Konnichiwa.

   ➡実践編 A B
   CD 40

3. 子供達が各国の挨拶を十分に理解できるまで練習する。
4. 次に子供1人につき、1つの国の国旗シールを10枚配る。
5. シールをもらった子供は10枚のうちの1枚を顔に貼り、残り9枚のシールを持つ。
6. 先生は子供達に自由に歩き回り、互いに挨拶を交わすように言う。その際、先生は自分の顔に日本の国旗を貼り、アメリカの国旗を貼っている子供をクラスの前に来させて、次のようにデモンストレーションする。（相手の国旗シールを見てその国の挨拶を言い、その後で自分の出身国名を言う）

T: Look at (S1)'s face. (S1) has an American flag.
How do they greet someone in America? Yes, they say, "Hello".
T: (S1に) Hello.（次に自分の国旗を指さして）I'm from Japan.
S1: (先生に) こんにちは。I'm from America.

7 挨拶ができれば、互いの国旗シールを交換して台紙（厚紙）に貼る。
T&S1: Let's exchange flags.
T: Now I have one flag of America.
(S1) has one flag of Japan.

8 制限時間内にできるだけ多くの種類の国旗を集めるようにする。
T: Try to collect as many different flags as you can.

9 制限時間がきたら、各自違う国旗を何枚集めたかを発表する。
T: How many different kinds of flags do you have?
S: I have five. They are flags of Japan, China, ……, …… and ….

Practice of the Target Sentences through Songs / Chants

▢ Situational Activity で同じ国の国旗を持った子供同士が集まり、**Hello Song** の歌詞の順番に並んで全員で歌う。 ➡ 実践編 *A B* CD 40

Individual Work / Oral Presentation

1 子供達にA4サイズの紙を配る。

2 黒板に世界の国旗の一覧表と世界地図を貼る。子供達に国を1つ選ばせ、その位置を確認して国旗を写し、色をぬる。

3 子供はクラスの前に出て、自分の描いた国旗を見せ、世界地図でその場所を示す。
　例 世界地図の中の Mongolia を指して、次のように言う。
S1: This is Mongolia.（自分の描いた国旗を見せながら）This is the flag of Mongolia.

Follow up & Drill

1 子供達の数より1つ少ない椅子を円に並べ、自分の国のシールを顔に貼った子供達が座る。

2 1人オニ (IT) を決め、みんなで **Hello Song** を歌う。

3 歌い終わると、オニが1つの国の名前を言う。

4 その国のシールをつけている子供はその国の挨拶を言って立ち、別の椅子に座る。オニ (IT) はその間に座る。

5 座れなかった人が次のオニになる。

Closing

2 歌を何度か繰り返し聞いてくる宿題を提示する。

　　クラス全員で Good-bye Song を歌う。
T: Good-bye. See you next week.
Ss: Good-bye, Mr./Ms. __.

Lesson plan 10

授業時間	45 minutes	対象年齢	小学校4–6年生	学習期間	4–5年

言語目標
Where is ...? の表現を理解して使うことができる。
部屋の語彙を覚える。(living room, kitchen, bedroom, dining room, bathroom)

コミュニケーション能力育成目標
子供の創造性を育む。みんなの前で口頭で発表する。
子供が自分で選択肢を選んで自分の考えをまとめることができる。

準備するもの
- フラッシュカードまたは外国の雑誌等からいろいろの部屋の写真を切り抜き(スキャンし)、上記の部屋のカードを作る。
- 子供達がよく知っている人物写真を貼ったカード3枚(男性女性とも1人ずつの写真)と、男性、女性が複数写っているカード1枚(学校の先生の写真を使うと、日常的で子供が親しみやすい)を用意する。
- 学校の教室(職員室、体育館、音楽室、保健室、運動場、コンピュータ室など)の写真をカードにする。(デジタルカメラで撮影してプリントアウト)
- A4サイズの紙(子供の人数分)

参考 Learning World Book 2 p.29

Lesson Procedure

Warm up

☐ 大きな声で挨拶する。既習の英語を使って子供達の日常生活に即した質問をしながら、英語の世界に子供達を導く。

Review

1 既習の歌やチャンツをいくつか子供達に選ばせて、みんなで歌う。

2 既習の語彙を、フラッシュカードを使って復習する。

Situational Activity

1 部屋のフラッシュカードを使って語彙の練習を十分におこなう。
（雑誌の写真をコピーしたカードを使うと、いろいろな国の部屋を参照することができる）

2 人物の写真を使って名前、代名詞(he, she, they)を復習する。
　　T: Do you know this man?
　　Ss: He is Mr. __. （He の部分を子供達と一緒に言って確認する）
　　T: Yes. He is Mr. __. He is a <u>teacher</u>.
　　T: Do you know these people?
　　Ss: They are Mr. __, Ms. __ and Mr. __.
　　　（They の部分を子供達と一緒に言って確認する）
　　T: That's right. They are <u>teachers</u>.

3 チョークトレイに準備した部屋のカードを並べる。

4 子供達に見えないように、**2**で復習した各人物の写真(カード)を部屋のカードの後ろに隠す。

5 先生が次のように質問して答えを導く。
>T: Where is Mr. __?
>S1: He is in the living room.
>T: Where are Mr. __, Ms. __ and Mr. __?
>S2: They are in the bathroom.

6 すべてのカードについて、やりとりが終わると、次は子供が1人クラスの前に出て人物カードを隠し、5と同様に質問する。

Practice of the Target Sentences through Songs / Chants

☐ Where is ...? の表現の定着を図るために、次のようなダイアログをリズムにのせてみんなで練習する。

> 例
> Where is Dad? ××
> He's in the kitchen. ××
> Where's Mom? ××
> She's in the bedroom. ××
> Where are Yumi and Mark? ×
> They are in the living room.
> Where's the dog? ××
> He's in his house. ×

（下線部に Situational Activity で使用した人物の名前を入れて練習する。）

Individual Work / Oral Presentation

1 子供達にA4サイズの紙を配る。

2 子供達は自分の未来の家を自由に描く。

3 自分の書いた絵をもとに、クラスの前で英語で次のように発表する。
>例 S: This is my house.　This is the living room.　This is the bathroom.　This is my bedroom.　This is my sister's bedroom.

Follow up & Drill

☐ Situational Activity でおこなった活動を、学校の教室のカードを使っておこなう。

Closing

1 ダイアログを何度か繰り返し練習する宿題を提示する。

2 クラス全員で Good-bye Song を歌う。
>T: Good-bye.　See you next week.
>Ss: Good-bye, Mr./Ms. __.

Lesson plan 11

授業時間	45 minutes	対象年齢	小学校4-6年生	学習期間	4-5年

言語目標 職業を表す語彙(policeman, dentist, teacher, taxi driver, doctor, nurse, scientist, fire fighter など)を覚える。What is ...?の表現を理解して使うことができる。

コミュニケーション能力育成目標 子供の創造性を育む。自分の考えを人に伝えることができる。
子供の肯定思想を育む。

準備するもの
- 職業のフラッシュカード
  (policeman, dentist, teacher, taxi driver, doctor, nurse, scientist, fire fighter)
- A4サイズの紙(子供の人数分)

参考 Learning World Book 3 pp.8-9

Lesson Procedure

Warm up

☐ 大きな声で挨拶する。既習の英語を使って子供達の日常生活に即した質問をしながら、英語の世界に子供達を導く。

Review

1. 既習の歌やチャンツをいくつか子供達に選ばせて、みんなで歌う。
2. フラッシュカードで職業の語彙を練習する。

Situational Activity　　　　　　　　　　　　　　➡ 実践編 活動C56

1. フラッシュカードを使って職業の語彙を十分に練習する。
2. クラスを2チームにわけ、メンバーの数と同数の職業カードを両チームに渡す。
3. チーム内で相談して、1人1枚ずつ職業カードを持ち、順番を決める。
4. 一方のチームの最初の子供が立ち上がる。仲間のメンバーがリズムをつけて
   What is, what is, what is he(she)? He is brave and he is strong.
   と言うと、もう一方のチームの子供が1人ずつ順番に **A teacher?...** と職業を聞く。職業名が違っていれば、最初のチームは全員で **No.** と答える。
5. 職業名が当たるまで続ける。正しい答えが出ると、最初のチームは全員でリズムをつけて **Yes. A brave, strong (職業名).** と答える。
6. 今度はチームの役割をチェンジして最初のチームが答え、もう一方のチームが問題を出す。
7. 全員の職業カードが終わるまで繰り返す。

Practice of the Target Sentences through Songs / Chants

☐ チャンツ **What is, What is, What is he?** をみんなで練習する。

➡ 実践編 C D CD 34

What is, what is, what is he?	What is, what is, what is she?
He is brave and he is strong.	She is brave and she is strong.
A policeman? -- No.	A doctor? -- No.
A dentist? -- No.	A nurse? -- No.
A teacher? -- No.	A scientist? --No.
A taxi driver? Yes.	A fire fighter? Yes.
A brave, strong taxi driver.	A brave, strong fire fighter.

この時、先生はチャンツにあわせて職業のフラッシュカードを見せる。

Individual Work / Oral Presentation

①子供達にA4サイズの紙を配る。

②既習の語彙と文型を使って30歳になった自分を想像して文章とその絵を描く。 ➡ p.11参照

I am 30 years old.
Hello. My name is ....
I am a ....
I live in ....
I have ....
I like ....
I don't like ....
I want ....
I can ....

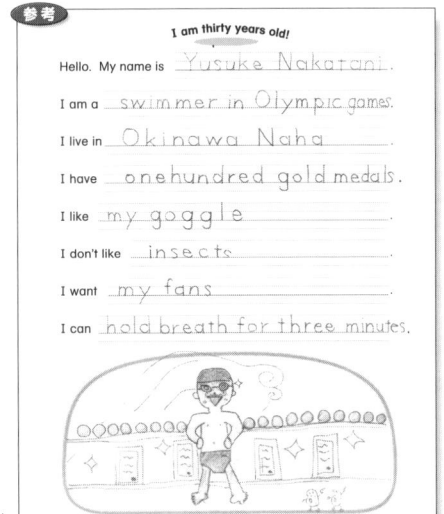

参考

I am thirty years old!
Hello. My name is Yusuke Nakatani.
I am a swimmer in Olympic games.
I live in Okinawa Naha.
I have one hundred gold medals.
I like my goggle.
I don't like insects.
I want my fans.
I can hold breath for three minutes.

Learning World 3 p. 9より

③子供達は1人ずつクラスの前に出て、自分が作った文章と絵を発表する。

Follow up & Drill

☐ 職業のフラッシュカードを使って次の練習をする。

He is a ....　　She is a ....
Is he ...?　　　Is she ...?
He is not a ....　She is not a ....

Closing

①チャンツの音声を何度か繰り返し聞いてくる宿題を提示する。

②クラス全員で Good-bye Song を歌う。

T: Good-bye. See you next week.
Ss: Good-bye, Mr./Ms. ___.

Lesson plan 12

授業時間	45 minutes	対象年齢	小学校4-6年生	学習期間	4-5年

言語目標　名詞の単数形と複数形を理解して使うことができる。
物質名詞の理解を促す。

コミュニケーション能力育成目標　答えが人によって異なることを認識する。(1つでないことを認識する)
自分の学習を把握し、責任を持たせる。

準備するもの
- 名詞の単数複数カード (a dog / dogs　a cat / cats　a pig / pigs　a goose / geese　a mouse / mice　a sheep / sheep)
  その他 (a pencil / pencils　a clock / clocks　a house / houses　a handkerchief / handkerchieves　a notebook / notebooks　a textbook / textbooks　a tooth / teeth　a foot / feet)
- 四線紙(子供の人数分)　●和英・英和辞書

参考　CHANTS for Grammar p.14

Lesson Procedure

Warm up

1. 大きな声で挨拶する。既習の英語を使って子供達の日常生活に即した質問をしながら、英語の世界に子供達を導く。

2. 既習の文章を使って子供同士互いに質問させる。

Review

1. 既習の歌やチャンツをいくつか子供達に選ばせて、みんなで歌う。

2. 既習の語彙を、フラッシュカードを使って復習する。

Situational Activity

1. フラッシュカードを使って、名詞の単数形、複数形を練習する。

2. **One Man Went to Mow** を全員で歌う。　→ 実践編 C D　CD 3

> One man went to mow, went to mow a meadow.
> One man and his dog went to mow a meadow.
> Two cats went to mow, went to mow a meadow.
> Two cats, one man, and his dog went to mow a meadow.
> Three pigs went to mow, went to mow a meadow.
> Three pigs, two cats, one man, and his dog went to mow a meadow.
> Four geese went to mow, went to mow a meadow.
> Four geese, three pigs, two cats, one man, and his dog went to mow a meadow.
> Five mice went to mow, went to mow a meadow.
> Five mice, four geese, three pigs, two cats, one man, and his dog went to mow a meadow.

3. 四線紙を1枚ずつ子供達に配る。

4. 子供達は教室にあるものを、20分以内にできるだけたくさん書く。英語やつづりがわからない時は辞書を使用したり先生に聞いたりさせる。
　　S: Excuse me, Ms. ＿, what is "つくえ" in English?

5. 子供達が書いたものが他の人が書いたものと同じなら1ポイント、だれも書いていないものを書けば3ポイントの得点がもらえることを説明する。

6 子供達が書いている間、机間巡視しながら1つしかないものには通常 a を付けること、複数形、物質名詞などの説明を随時おこなう。

 例 deskと書いている子供には、次のように説明しながら複数の s を導く。

  T: Only one desk? How many desks are there in the room? That's right. Twenty desks. So what do you have to add to the desk? Desk or desks? See, you have to write 's' after desk.

7 辞書を使う場合、各自が選んだ語彙の発音が正しくできるかチェックする。

8 子供達は1人1語ずつ順に、自分が書いた語彙を発表する。

  S1: "A clock".
  T: "A clock". OK. Does anyone else have "a clock"?
  S2,3: I have "a clock", too.
  T: OK. All of you get one point.
  S2: "Air".
  T: Did anyone else write "air"? No one did. S2, you get three points.

9 先生は黒板に子供達が言った語彙を書いていく。各自の獲得ポイントも黒板に記していく。

10 ポイントをたくさん獲得した子供の勝ちとなる。

Practice of the Target Sentences through Songs / Chants

☐ 名詞の単数形、複数形の定着を図るためにチャンツ **Look! More Than One.** をみんなで練習する。 ➡ 実践編 C D CD 15

  A dog? Look! More than one. DOGS!
  A cat? Look! More than one. CATS!
  A pig? Look! More than one. PIGS!
  A goose? Look! More than one. GEESE!
  A mouse? Look! More than one. MICE!
  A sheep? Look! More than one. Well…SHEEP!

この時、先生はチャンツにあわせて単数複数の動物のフラッシュカードを見せる。

Individual Work / Oral Presentation

☐ 子供達は1人ずつ前に出て、自分のかばんの中にあるものを1つずつ見せながら発表する。

  S: This is my bag.
    I have two books, three notebooks, five pencils ….

Follow up & Drill

☐ 単数形、複数形のドリルをおこなう。

Closing

1 チャンツの音声を何度か繰り返し聞いてくる宿題を提示する。

2 クラス全員で Good-bye Song を歌う。

  T: Good-bye. See you next week. **Ss:** Good-bye, Mr./Ms. __.

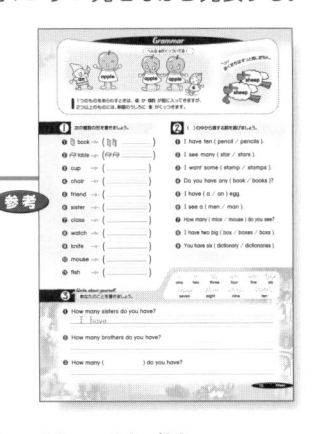

Lesson plan 13

| 授業時間 | 45 minutes | 対象年齢 | 小学校4-6年生 | 学習期間 | 4-5年 |

言語目標 不定詞の副詞的用法を理解して使うことができる。

コミュニケーション能力育成目標 自分の考えを理論的に相手に伝えることができる。
子供が自分で選択肢を選んで自分の考えをまとめることができる。

準備するもの ●下記の語句を書いたカードを用意する。(子供達の数が14人より多い場合、同じカードを何枚か作り、全員に1枚ずつ配れるようにする)

Set 1
- We go to the library. / to read some books.
- We go to the bakery. / to buy some bread.
- We go to the restaurant. / to eat dinner.
- We go to the bus stop. / to catch a bus.
- We go to the pool. / to swim.
- We go to the park. / to ride a bike.
- We go to the hospital. / to see a doctor.

Set 2
- to take a nap. / to study. / to have lunch.
- to meet my friends. / to work. / to play the piano.
- to meet teachers. / to climb a tree.

参考 Learning World Book 3 pp.38-39

Lesson Procedure

Warm up

☐ 大きな声で挨拶する。既習の英語を使って子供達の日常生活に即した質問をしながら、英語の世界に子供達を導く。

Review

1. 既習の歌やチャンツをいくつか子供達に選ばせて、みんなで歌う。
2. フラッシュカードを使って職業の語彙を練習する。

Situational Activity ➡ 実践編 活動C72

1. 上記の文章カード **Set 1** を読む練習をし、子供達全員が理解していることを確認する。
2. 子供達に語句カードを1枚ずつ配り、他の人には見せないように言う。
3. 先生の合図で子供達は自分の語句カードに書かれた文章を読みながら、意味が通じる語句を持っている相手を探す。
4. 意味の通じる相手が見つかればお互いの語句カードを見せ合って、意味が通じることを確認する。文章が正しければ座ることができるが、間違っていれば語句カードを再び隠し、文章を言いながらパートナー(文章がつながる語句の持ち主)を探し続ける。全員が座るまで続ける。
5. 次に **Set 1** の We.... のカードに **Set 2** の to.... のカードを加え、黒板にマグネットでとめる。不定詞句の練習を十分におこなって子供達全員の理解を確認する。

6 先生が Set 1 の前半の文章（We...）を読みあげる。子供達はその後に続く to 以下の語句を考えて答える。
　黒板に貼ってある不定詞句から選んだ場合は 1 ポイント、自分で作った不定詞句を発表した場合は 3 ポイントもらえる。

7 先生は Why? と質問して子供達の作った文章が意味のあるものかどうかを確認する。

　　　　T: We go to the park...
　　　　S1: To climb a tree.
　　　　S2: To take a nap.
　　　　S3: To have dinner.
　　　　T: （S3に向かって）To have dinner?　Why?
　　　　S3: Because there is a good restaurant in the park.
　　　　T: OK.　You get three points.

8 最後に獲得点数を合計して、だれが一番ポイントを取ったか確認する。

Practice of the Target Sentences through Songs / Chants

1 不定詞の副詞的用法の定着を図るためにチャンツ **We Go to The Bakery to...** をみんなで練習する　実践編 C D　CD 32

```
We go to the bakery     to buy some bread.
We go to the library    to read some books.
We go to the park       to ride a bike.
We go to school         to do WHAT?
```

2 クラスを2つにわけ、チャンツの各文章を前半、後半（to....）にわけて練習する。

Individual Work / Oral Presentation

1 先生は黒板に I go to school と書き、その後に続く語句を子供達に作らせる。
　　　例　I go to school to eat lunch.
　　　　　　I go to school to meet friends.
　　　　　　I go to school to study.

2 子供達は1人ずつクラスの前に出て、自分が作った文章を発表する。

Follow up & Drill

1 黒板に Situational Activity で使った語句カードをすべて貼る。

2 子供達はその語句カードを参考にして、自分で文章を4つノートに書く。
　　　例　I go to the hospital to see my grandmother.
　　　　　　I go to the supermarket to buy ice cream.

Closing

1 チャンツの音声を何度か繰り返し聞いてくる宿題を提示する。

2 クラス全員で Good-bye Song を歌う。
　　　　T: Good-bye.　See you next week.
　　　　Ss: Good-bye, Mr./Ms. ＿.

Lesson plan 14

| 授業時間 | 45 minutes | 対象年齢 | 小学校5-6年生 | 学習期間 | 6-8年 |

言語目標 過去進行形を理解して使うことができる。

コミュニケーション能力育成目標 情報を正しく聞き取ることができる。
情報を正しく確実に相手に伝えることができる。

準備するもの
- A, B, Cのシートを合わせて子供の人数分になるように用意する。
- センテンスカードの文章は次の通り。

  He was taking his dog for a walk.　　She was taking a shower.
  He was eating a hamburger.　　　　　She was listening to music.
  He was helping his mother.　　　　　She was cooking breakfast.
  He was watching TV.　　　　　　　　She was eating spaghetti.
  He was sleeping.　　　　　　　　　　She was doing her homework.
  He was meeting his friends.

- A4サイズの紙（子供の人数分）

参考 CHANTS for Grammar p.40

Lesson Procedure

Warm up

① 大きな声で挨拶する。既習の英語を使って子供達の日常生活に即した質問をしながら、英語の世界に子供達を導く。

② 既習の文章を使って子供同士互いに質問させる。質問に答えるだけではなく、質問のテーマに関することを自由に述べ合う。

Review

① 既習の歌やチャンツをいくつか子供達に選ばせて、みんなで歌う。

② 既習の語彙を、フラッシュカードを使って復習する。

Situational Activity

➡ 実践編 活動D 93

① 準備したセンテンスカードを全員で読み、子供達全員が理解していることを確かめる。

② 昨夜8時に何をしていたかを次のように質問し、問答が自由にできることを確認する。

　　T: What were you doing at eight o'clock last night?
　　S: I was watching TV.
　　　　(studying at juku / playing video games / eating dinner)

③ A、B、C のシートを隣同士が同じ紙を持たないように1枚ずつ子供達に配る。

④ 子供達は自分のシートの空欄を埋めるために次のように質問していく。

　　S1: What was Ken doing at eight o'clock in the morning?
　　S2（情報を持っている子供）**:** I know! He was sleeping.
　　S1: Thank you.

　　（この時、S1は聞こえにくい場合、理解できなかった場合にPardon? Once more, please. Louder, please. More slowly, please. How do you spell ...? などと言って、理解できるまで聞き直すことが大切です。）

5 全員が自分のシートの空欄を埋めるまで続ける。

	Ken	Mary
8 o'clock in the morning	sleeping	
10:30 in the morning		taking a shower
12:30 in the afternoon		
3 o'clock in the afternoon	meeting his friends	
7 o'clock in the evening		listening to music
10 o'clock at night		

A

	Ken	Mary
8 o'clock in the morning		cooking breakfast
10:30 in the morning		
12:30 in the afternoon		eating spaghetti
3 o'clock in the afternoon		doing her homework
7 o'clock in the evening		
10 o'clock at night	watching TV	

B

	Ken	Mary
8 o'clock in the morning		
10:30 in the morning	taking his dog for a walk	
12:30 in the afternoon	eating a hamburger	
3 o'clock in the afternoon		
7 o'clock in the evening	helping his mother	
10 o'clock at night		sleeping

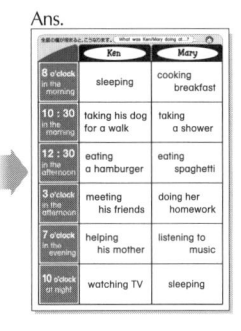

C

	Ken	Mary
8 o'clock in the morning	sleeping	cooking breakfast
10:30 in the morning	taking his dog for a walk	taking a shower
12:30 in the afternoon	eating a hamburger	eating spaghetti
3 o'clock in the afternoon	meeting his friends	doing her homework
7 o'clock in the evening	helping his mother	listening to music
10 o'clock at night	watching TV	sleeping

Ans.

Practice of the Target Sentences through Songs / Chants

◻ 過去進行形の定着を図るためにチャンツ **Busy, Busy, Busy** をみんなで練習する。

➡ CHANTS for Grammar CD 58

> Busy, busy, busy.
> We were busy all day long.
> Mom was cooking all day long.
> Dad was shopping all day long.
> Rick was washing all day long.
> I was cleaning all day long.
> Ann was crying all day long.
> Brownie was running all day long.
> Busy, busy, busy.
> We were busy all day long.

Individual Work / Oral Presentation

1 子供達にＡ４サイズの紙を配り、What were you doing at eight o'clock last night (this morning)? という質問に対して、自分と自分の家族が実際していたことを文章で書き、その絵も描く。

2 自分が書いた文章をクラスの前で発表する。

Follow up & Drill

◻ 過去進行形の定着のためのドリルをおこなう。

Closing

1 チャンツの音声を何度か繰り返し聞いてくる宿題を提示する。

2 クラス全員で Good-bye Song を歌う。
　　　　T: Good-bye. See you next week.
　　　Ss: Good-bye, Mr./Ms. ＿.

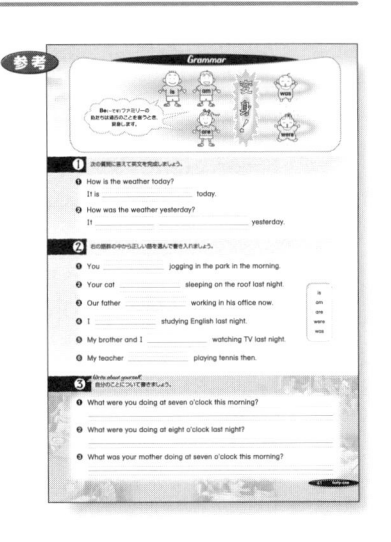

Lesson plan 15

| 授業時間 | 45 minutes | 対象年齢 | 小学校5-6年生 | 学習期間 | 6-8年 |

言語目標	文房具の語彙を覚える。How many ...? How much ...? を理解して使うことができる。
コミュニケーション能力育成目標	子供同士が協力して課題を解決することができる。 子供が自分の考えを段階を追ってまとめていくことができる。
準備するもの	●アメリカの紙幣（1ドル札と5ドル札）と、コイン（pennies, nickels, dimes, quarters）数は人数によって調整する。 ●金額を書いたカード（one dollar, two dollars, three dollars, four dollars, five dollars）（ペアの数分） ●ショッピングメモ（ペアの数分） ●価格表（黒板に示す）

Lesson Procedure

Warm up

☐ 大きな声で挨拶する。既習の英語を使って子供達の日常生活に即した質問をしながら、英語の世界に子供達を導く。

Review

1 既習の歌やチャンツをいくつか子供達に選ばせて、みんなで歌う。

2 フラッシュカードで文房具の語彙を練習する。

Situational Activity

1 アメリカの通貨、pennies, nickels, dimes, quarters の硬貨と1ドル札、5ドル札を用意して説明しながら教卓の上に並べる。

2 価格表を黒板に書き、英語を読む練習をして子供達全員が理解していることを確認する。

3 先生は次のようにデモンストレーションをおこなう。

T: （5ドル持っている場合）I have 5 dollars. I buy 2 erasers. One eraser is 50 cents. So 50 cents times two is 100 cents.（50×2=100）I buy 3 notebooks. One notebook is 90 cents. On the shopping memo, I write 90 cents times three is 270 cents.（90×3=270）That is 2 dollars and 70 cents. I can buy more. I buy 3 pencils. One pencil is 40 cents. What is 40 times three?（40×3=120）

120 cents. So in all, 100 cents plus 270 cents plus 120 cents. How much?

Ss: 490 cents.

T: That's right. And that is 4 dollars and 90 cents. Here I have a 5 dollar bill. How much is the change?

Ss: 10 cents.

| 50¢ × 2 = 100¢ |
| 90¢ × 3 = 270¢ |
| 40¢ × 3 = 120¢ |
| 490¢ |
| 500 − 490 = 10¢ |

4 クラスをペアにし、各ペアは、1枚ずつ金額を書いたカードを受け取り、それに相当する紙幣を自分達で選択して取る。

5 各ペアは自分達のもらった金額内で、価格表に載っている文房具をいくつ買うかを相

談して決める。子供達は「英語で話さなければいけないこと」をルールにする。

S1: Let's buy pencils.
S2: OK. How much is a pencil?
S1: It's 60 cents. How many?
S2: Let's buy 2 pencils. Let's buy a ruler.
S1: No, let's not.

6 値段と数をショッピングメモに書きこむ。

7 最後に合計を計算してなるべくお釣りが少ないようにする。

S1: How much in all?
S2: 2 dollars and 30 cents. How much is the change?
S1: 10 cents.

Individual Work / Oral Presentation

1 買い物が終わるとペアはクラスの前に出て発表する。

S1: We have 2 dollars and 40 cents. We buy .... We pay ... ... and the change is ....

2 先生の机の上に紙幣を置き、お釣りのコインを選ぶ。

3 すべてのペアの発表が終わるまで続ける。

Practice of the Target Sentences through Songs / Chants

1 How many...? How much...? の定着を図るために次のダイアログをみんなで練習する。

店員: Hello, May I help you?	店員: It's fifteen cents.
お客: Yes. I want pencils.	お客: I'll take six. How much in all?
店員: How many pencils?	店員: Ninety cents.
お客: How much is a pencil?	

2 クラスを2つにわけ、ダイアログの"店員"と"お客"にわかれて練習する。

3 パートを交代して練習する。

4 何組かのペアがクラスの前に出て、口頭で発表する。

Follow up & Drill

1 pennies, nickels, dimes, quarters を数枚ずつ用意する。

2 先生はそのうちの数枚を手に持ってクラスに質問する。

T: How many coins do I have?（子供達は先生の手の中のコインの枚数を当てる）
T: How much money do I have?（子供達は、先生の手の中のお金の合計額を当てる）

Closing

1 ダイアログを何度か繰り返し練習する宿題を提示する。

2 クラス全員で Good-bye Song を歌う。

T: Good-bye. See you next week.
Ss: Good-bye, Mr./Ms. ＿.

6章 引用・参照教材
- 中本幹子(1996)『WELCOME to Learning World YELLOW BOOK』pp.14-15, 20-21, 28-29
- 中本幹子(2003)『WELCOME to Learning World YELLOW BOOK 指導書改訂版』pp.50-51
- 中本幹子(1997)『WELCOME to Learning World BLUE BOOK』テキスト pp.10-11, 32-33
- 中本幹子(1998)『WELCOME to Learning World BLUE BOOK CD付指導書』p.54
- 中本幹子(1998)『WELCOME to Learning World BLUE BOOK ACTIVITY BOOK』pp.23-24
- 中本幹子(1997)『READY for Learning World』テキスト pp.16, 23, 26, 58
- 中本幹子(1997)『READY for Learning World CD付指導書』p.69
- 中本幹子(1997)『READY for Learning World WORKBOOK』p.40
- 中本幹子(1995)『Learning World 1』テキスト pp.32, 40, 54-55
- 中本幹子(1995)『Learning World 1 CD付指導書』p.81
- 中本幹子(1998)『Learning World 1 WORKBOOK』pp.22, 29
- 中本幹子(1995)『Learning World 2』テキスト p.29
- 中本幹子(1995)『Learning World 3』テキスト pp.8-9, 16, 20, 38-39
- 中本幹子(1995)『Learning World 3 WORKBOOK』p.10
- 中本幹子(2001)『CHANTS for Grammar』テキスト pp.14-15, 40-41
- 中本幹子(2001)『CHANTS for Grammar 解答&解説編』pp.22, 31-33

（上記教材はすべてアプリコット刊）

Useful Expressions during Activities

● アクティビティを始めるとき / At the beginning of an activity

1	円（輪）を作りましょう。	Let's make a circle.
2	輪になって座りましょう。	Let's sit in a circle.
3	クラスを半分に（4つに）分けます。	Let's divide the class in half (four groups).
4	チームを2つ作りましょう。	Let's make two teams.
5	4人のグループを作りましょう。	Make groups of four!
6	スタートラインに来なさい（立ちなさい）。	Come to the starting line.
7	列に並びましょう。	Line up, everyone!
8	グループの中で1人選びなさい。	Choose one person (in your group).
9	各チームから1人ずつ（出てきなさい）。	One student from each team, please.
10	だれか1人出てきてください。	One volunteer, please.
11	1枚ずつシートを取りなさい。	Take one sheet.
12	みんな椅子を持って集まってください。	Bring your chairs, everyone!
13	だれから始めますか？	Who's first?
14	（このグループの）最初の人はだれですか？	Who is the first person from this team?
15	（あなたのグループの）リーダーはだれですか？	Who is the leader in your group?
16	だれがオニですか？	Who is IT?
17	あなたがオニです。	You're IT.
18	だれの順番ですか？	Who's turn?
19	私がオニです。	I'm IT.

● カードを使ったアクティビティで / Activities using flash cards

20	カードを1枚取ります。	I will take one card.
21	カードを1枚取ってください。	Pick a card.
22	（カードを手渡しながら）はい、これがあなたのです。	Here's your card.
23	みんなカードを（1枚ずつ）持っていますか？	Does everyone have a card?
24	同じカードを持っているクラスメートを探しましょう。	Please find the classmate who has the same card.
25	カードを机の上に絵を上にして置きなさい。	Put the cards on the desk with the picture sides facing up.

26	カードを机の上に裏返しにして置きなさい。	Put the cards on the desk facing down.
27	カードを2枚裏返しなさい。	Turn over two cards.
28	カードは持っていていいですよ。	You can keep the cards.
29	同じカードを持っているクラスメートを見つけたら、座りなさい。	When you find the classmate who has the same card, you may sit down.
30	みんなで一緒にカードを1枚ずつ読みましょう。	Let's read each card together.
31	何枚カードを持っていますか？	How many cards do you have?
32	カードを戻しなさい。	Put the cards back.
33	カードを人に見せてはいけません。	Do not show your cards to anybody.

アクティビティの途中で / During an activity

34	シートを後ろにまわしてください。	Take one sheet and pass the rest back.
35	余ったシートを前に持ってきてください。	Bring the extra sheets forward, please.
36	パートナーに見せてはいけません。	Don't show it to your partner.
37	Aグループ、前に出てきてください。	Group A, come up to the front of the class, please.
38	（今度は）チームごとにやりましょう。	This time, work in teams.
39	前に行って（自分のグループの）リーダーに聞きなさい。	Go to the front and ask your leader.
40	ミキとアキのペア、出てきてください。	Miki and Aki pair, come up please.
41	ミキ、前に出てきてくれますか？	Can you come to the front, Miki?
42	アキ、前に出てきて答えなさい。	Aki, come up to the front and answer the questions.
43	あなたが新しいオニです。	You are IT (now).
44	次（のラウンド）にいきましょう。	Let's do the next round.
45	ジュンコの番です。	It's Junko's turn.
46	エリカの後ろに並びなさい。	Line up behind Erika.
47	もう1回歩きましょう。	Let's walk again.
48	手をつないで座りなさい。	Hold hands and sit down.
49	席に戻ってください。	Please go back to your seats.
50	次のペア、どうぞ。	Next pair, please.
51	好きな色を使って（シートを）ぬってください。	Please color the sheet with your favorite colors.
52	辞書で調べてみましょう。	Let's look in the dictionary.

53	どんな質問をしてもいいですよ。	You can ask any question.
54	今度はあなたが選びなさい。	Now you choose.
55	どのチームが一番早いかな?	Which team is the quickest?
56	最後の人、大きな声で言ってください。	Will the last person say it loudly, please?
57	チームごとに相談しなさい。	Discuss with your teammates.
58	チームの人達に協力してもらいなさい。	Your teammates can help you.
59	大きな声で言ってくれますか?	Can you say it out loud?
60	右隣の人に質問しなさい。	Ask the person on your right.
61	グループごとに練習しなさい。	Practice in groups.
62	いっしょにチャンツを言いましょう。	Let's say the chant together.

● アクティビティの終了時に / At the end of an activity

63	みんなで一緒にチェックしましょう。	Let's check (it) together.
64	クラスのみんなに見せてください。	Show it to the class.
65	ケンとシンゴのペアの得点が一番高い(です)!	Ken and Shingo pair has the highest score!
66	ケンの得点が一番高い(です)。	Ken's got the most points.
67	彼／彼女の勝ちです。	He / She is the winner.
68	Bチームに1ポイント!	One point for team B!
69	Aチームが一番早かった(です)!	The fastest team was team A!
70	時間切れです。	Time's up!
71	もう1回やりましょう。	Let's do it again!
72	みんな終わりましたか?	Is everyone finished?
73	勝った人(はだれですか)?	Who are the winners?
74	点数はいくつでしたか?	What's your score?
75	どのグループが一番良かったかな?	Which group did the best?
76	(彼／彼女に)盛大な拍手をしましょう。	Let's give him / her a big hand.
77	ミズホとマキが同点1位です。	Mizuho and Maki tied first place!